一切的矛盾、对错、好坏
在庄子的世界里都不重要，
“德充符”正反而言亦是。
就如您在这本书的封面和封底看到的一样。
所以，您在小梁的笔记里看到的
一切矛盾、对错、好坏也是自然的了。

德充符

梁冬说庄子

梁冬私房笔记

梁冬◎著

SPM 南方出版传媒、广东人民出版社
·广州·

作者序

朴素得起，安静得起

忘形和忘情，
庄子教你从自卑变强大的智慧

《庄子》内七篇里，我个人最喜欢的是《齐物论》和《德充符》。

《德充符》基本上讲的是一个失败人士，或者说在世人眼中奇怪的人——长得也不是很好看，身体也不是很健全，也没有什么钱，却是超级有魅力的故事集合。

大部分时候，我隐隐地觉得这代表着庄子的一种心理期许。我们知道，人们会用自己发展出来的理论，来让自

己的生活貌似更美好、更哲学化、更有意义、更完整。所以，我一度认为，《德充符》是庄子给自己的“精神化妆术”，是给他自己的生命使用的“美图秀秀灵魂版”。

不过，随着我越发深入地去学习《德充符》，隐隐地就觉到了一种新的况味：**我们每个人不管外表长成什么样，内在都隐隐地觉得自己不够好，觉得自己是一个“脑残”，是一个不够漂亮的人、不够有钱的人、不够聪明的人……**

如果这也是当今许多人内在的一个深深的忧虑的话，那么在《德充符》里，你会发现庄子给了我们一个可以变得更好的智慧和方法——忘形和忘情。

忘记自己的相——你有没有暗疮，腿粗不粗，肚子是不是突然变得有点儿大，儿子是不是不那么优秀……这都是我们外在的形象。而我们是不是纠结于和自己有着爱恨情仇的人之间的种种情绪反应模式，这也是我们快乐和悲伤的源泉。

一个人如果能够慢慢慢慢地发现，他的相和他的情只不过是一系列的幻觉，是一系列过往的习性造成的当

下的错觉、幻相的话，他也许可以将人生蜕变出一种崭新的状态——对这一切不以为意。

让你感到相处很累的人，一定跟他自己也作得厉害

我常常在饭桌上发现，突然有一段时间无人说话，在这个沉默的过程中，其实很能够反映在场每一个人的内在是否充盈。事实上，总有一些人会忍不住率先说话，以打破让他感到难受的凝固空气。但问题是，为什么还有一些人，不觉得这件事情特别难受，哪怕大家都沉默着，他也不觉得所谓的冷场有多难堪。

我想，其背后的差别在于后者更能够自处，他对外在发生的一切没有那么强的评判和情绪反应，也不对自己应该处于一个什么样的状态有那么高的要求，不认为自己应该充当一个饭局主导者或活跃气氛者或别的什么角色，更不觉得自己有义务成为一个好的倾听者，他不判断，所以他只是安静且怡然自得地待在那里。

然后，奇怪的事情发生了，那些匆忙说话的人，会

隐隐地在内心觉得那个既不着急表达，也不着急倾听，既不会拿出手机来看，也不会发呆的人，充满了一种很奇妙的魅力。这种魅力大概就是安静的魅力，大概就是你突然发现原来有一个人，他可以有使自己的频率与整个空间和谐一致，而让你感到舒服的能力。

我后来发现这其实是一种非常优雅的人格品质，因为这几乎可以延伸到我们生活的另外的场景当中。比如说，当两个人经过了若干吸引、纠缠、冲突，再加上各种因缘际会的和合，他们成了夫妻。当这两个人关起门来的时候，也许有一天无话可说或者也没有什么特别的话想说的时候。

那个拥有在沉默中怡然自得的能力的人，就像一支在房屋中点燃的沉香，悠悠释放着灵魂的氧气，让你因此安静下来，让你也自然学会了与自己相处。你没有很强烈的要与他讨论点儿什么的愿望，不需要照顾他，也不需要他随时照顾你的情绪，只是感觉到他在与自己完美地相处时，就被他的气场所感染，也就自然而然地学会了跟自己相处。

这种自带的安静能力是如此具有价值，以至于当你一旦接触过拥有这种能力的人以后，会发现他对你拥有了强大的吸引力。

在《德充符》里面，几乎所有的角色——无论是申徒嘉，还是在开篇讲的王骀，好几个人表面上看都是所谓身体有残缺的人，或者长得并不帅的人，但他们都拥有这样的能力，人们都竞相被他们吸引。

有一天我跟我儿子说："将来在你喜欢的人和喜欢你的人里面你选谁？"他说："选谁呢？"我一看儿子那眼神，就知道他可能已经有这样的烦恼了。也许是我的内心投射吧，我告诉他，选性格温和的人，选那些和自己相处的时候不累的人。**一个人如果他跟自己相处得不累了，你跟他相处就不累；一个让你感到与他相处很累的人，一定是他跟自己也作得厉害的人。**

学会自处，不惹人讨厌：如何成为一个终身有魅力的人

如果我们做父母的，能够在孩子很小的时候通过种种方法帮他学会自处，那么他就收到了一份人生当中最

珍贵的礼物，他会成为一个不讨厌自己的人，不被别人暗暗讨厌的人，进而成为一个有魅力的人。就是这么简单，它简单到让你感觉有点儿无法相信。

未来的人会越来越与机器紧密结合，越来越被网络社会所绑架，你的一言一行都会被摄像头拍下来，都会被朋友圈记录，都会变成某个信用积分。这个时候**人最重要的快乐就是不被别人干扰的自处能力，这是一种宝贵的生命资产。**

我们可以这样想象，一个人小的时候跟着父母出去会见朋友，他的父母一直在高谈阔论，也许在聊着国际政治经济，也许在聊着房地产投资，也许附庸风雅地在讨论佛学和艺术，当然也有可能在打麻将……但是孩子在旁边安静地看着他们，没有发呆，没有玩游戏，没有发脾气，没有觉得无聊，他只是开放地看着大人，也不评价，你得有多喜欢这个孩子。

如果这个孩子长大了，成了你的男朋友（或者女朋友），在你向他抱怨公司的领导多么愚蠢、同事多么奸猾的时候，这个人在你旁边，既不肯定也不否定，不是冷漠而是温暖地听着，可能点头，也可能只是看着你，这样的男朋友或者女朋友——这个你旁边的人既不附和，也不愤怒，也没有不耐烦，他就是听着。你会觉得这样一个人多么好。

如果这个人成为了父母，你回家跟他讲任何事情，或者你回家不讲任何事情，他也不追着你问，也不教育你——强行分享他的人生经验，也不逼着你去结婚，他甚至不拿你去跟别人作比较，他也没有跟你讲他以前活得有多么不容易，或者自己和其他老头老太太之间因为在养老院或者是在居委会里的不公平待遇而很不爽，又或者是单位工资分配不均等问题。

一个这样的安静的小孩，长成老公（老婆），再长成爸爸妈妈，你会觉得这样的父母让你有一种愿意回到他身边的冲动，因为他不烦你，不会让你火冒三丈，肝经火旺。后来这样的人变成了老爷爷（老奶奶），他也没有在你面前强行分享他的人生智慧，也不跟你讲关于保命养生的种种秘诀，也不感谢你来看望他，但是他对于你的到来，表示了某种慈悲的安静。你陪他打牌，他跟你打；你以看他的名义回家，不说话，吃水果，看电视，他也不追着你把这些水果都吃完，他也没有在吃饭的时候非要把什么菜塞给你吃……他什么都没有说，没有做，do nothing，这样的爷爷奶奶、外公外婆，得多么让儿孙和媳妇感觉到好啊——不惹人讨厌就是一个人魅力的主要源泉。

你认真想想，这样的情景，难道不就是《德充符》给我们分享的吗？一个人可以老、可以丑、可以穷、可以残疾……但是你不可以唠唠叨叨地惹人讨厌，你只要保持安静，这不是装出来的，是由衷的，因为你和自己相处得很好——原来魅力仅仅来自于这样一个简单的真相。

我一遍遍看《德充符》的时候，内心一遍遍充满了欢喜，因为我觉得自己应该在五十岁之前，甚至在四十五岁之前，就可以把所有自以为是的东西都讲完了。

我相信我过了五六十岁以后，就再也没有强行与别人分享智慧的恶习了，也不再跟人家讲关于痛风失眠的种种，也不需要讨好任何一位老太太了——年轻的除外。那个时候别人有钱还是没钱与我差别也不太大了，因为我已经知道，人家就算有钱也不会给我；我也不去想那些没有钱的人是如何纠结的，我知道，人穷自有穷的道理，我既不同情他们，也不对他们作任何情绪上的判断。

嗯，我觉得做这样的老头，如果不是身体太差，应该不至于太让人讨厌。关键是如果那时候这样的一个老头还没有强行要去住很好的房子，没有要求他的儿子一定要带不同的女朋友来看他；对于儿子带回来的女朋友，只要是个女朋友就行，别带男朋友回来——其实带个男朋友我们也没有办法，因为我们要保持沉默嘛。

当我们朴素得起，安静得起，不用太聪明，也不要太笨的时候，一切就回来了。“人能常清静，天地悉皆归”（人如果能够经常保持清静，天地万物的力量就会回到你身上了），**这个清静更多的时候是内心的平、正、安、和。**

觉察自己，然后把它放下，是我们此生最重要的功课。

这就是《德充符》的力量。

这仅仅是梁同学的私房笔记，必有各种不究竟，恳请斧正。

梁冬（太安）

2018戊戌年夏于自在喜舍

德充符

德充符

目录

第一章

你愿意帮助那些有德但形貌丑陋的人吗

第二章

让该来的来，让该去的去

第九章

做人应该像花园一样容纳百花齐放

附录

有些人看似非常与众不同，但一旦你用他的精神状态、语言语境与他交流，并符合那个巨大的天道时，他就被『打开』了。

第一章

你愿意帮助那些有德但形貌丑陋的人吗

原典

鲁有兀者王骀，从之游者与仲尼相若。常季问于仲尼曰：『王骀，兀者也，从之游者与夫子中分鲁。立不教，坐不议。虚而往，实而归。固有不言之教，无形而心成者邪？是何人也？』

什么是“符”

《德充符》让我想起另外一篇有意思、带“符”字的道家内容——《阴符经》。

在古代，人们在木牌上面写字，然后啪的将其掰成两半，一半让别人拿走，另一半自己留着。需要传话给对方的时候，就让使者拿着自己保留的这一半过去，将两个木牌扣上，对方就知道这段话是之前有约定的那个人传递过来的。这样的东西就叫“符”，符合的“符”。

《阴符经》讲的是在这个世界上有一样东西暗暗地和我们看见的部分互为表里，构成一体。比如，春天花开就是我们看到的阳的部分，但你要知道花开的背后有一股气在推动它周而复始。

我家院中的那株海棠，在雾霾深沉的冬天已接近死亡——我甚至认为它已经死了。结果，在今年春天的时候，那一股地底下的气就把它推动了。我出差走的时候，树上还只是一个很小很小的芽，等我回来后居然满庭院都是绿色。这一抹绿色就是“符”。

什么是“充”

“充”，是指充满。“符”，是指符合与验证。**无论修行哪个法门，最终都要被验证，要实证实修，修到与那个东西符合的状态对上。**

你玩过保险箱吗？当你把保险箱的密码拧得哒哒哒哒作响（对上密码）时，那个铁皮箱子就被打开了。试想一下，那么一个任你用焊枪、机关枪、炸弹都奈何不了的铁箱子，一旦对上了设置好的密码时，铁门就被打开了。那个东西就叫“符”。

有些人看似非常与众不同，但一旦你用他的精神状态、语言语境与他交流，并符合那个巨大的天道时，他就被“打开”了。

打个不恰当的比方，当这个保险箱被打开以后，里面无限的法喜充满、自在融洽，全然都可以被我们很完美地连接上。你甚至连想拥有它的欲望都没有，因为它实在太多了，随时可以调用，随时可以属于你，随时可以拿来布施于他人；甚至因为有太多，所以你对这些东西保持了某种隐隐的克制，从而形成了“戒”。一个真正能够“戒”可乐的人，一定是喝得太多的人。

以前，我认识一个朋友，他好不容易在北京市中心弄了一个四合院。然而，和他一起工作的同事却说：“又住平房？我们以前在村里就是住平房，怎么到北京还让我们住平房？”其实，这叫朴素得起，多少人梦寐以求住楼房的时候，对于他们来说，楼房是可以放下的。

所以，《德充符》的“充”，又代表着真正意义上的完全丰沛。只有足够丰沛的时候，你才能够拥有一种随时可以放下的良好心态。戒律的“戒”，并不是苦逼地对自我的束缚，而是因为充满，因为曾经拥有，因为全然获得之后，可以随时拿起又能随时放下的自在。

什么是“德”

“德”，是一个被广泛使用的字眼。某些时候，它代表顺道而行。

以前陕北人赶马、赶驴子，都是说“嘚”或者“驾”，就是开始启动的意思。“嘚”就是一直走，“吁”就是停。所以，“驾——吁——”是让它开始和停止，而“嘚”就是让它一直走下去。所以，同音的“德”这个词就代表顺道而行的状态，不要快也不要慢。

有些时候，“德”又可以解释为令其得到。比如，我们说这是一个有德的人，他总是不厌其烦地从早上六点到晚上十二点为每个人点赞，点到人家以为他是机器人（已经超越了人类）。但是你以为他不忙吗？他抽空要打太极拳，要给老婆装修提出意见和建议，还要买可乐，这样做是因为他爱每一个人。

那么，《德充符》的“德”到底是什么样的呢？庄子会用无数有残缺的人、长相丑陋的人、不靠谱的人，以及大家都不愿意跟他待在一起的人的故事，来讲述在自己设置的语境里面，有德的人是如何充满魅力的。

《德充符》里面讲，有一个人长得实在太丑，也没有什么文化，但所有女人都想嫁给他，甚至已婚的女人还会跑回家跟自己老公说：“哦，他太帅了，做他的小妾我都愿意。”

怎么会有这样的男人？这就是《德充符》中的一个状态。

德有两种——忘形和忘情

到底庄子认为的“德”是什么德？简而言之，它是两个德，一个叫“忘形”，一个叫“忘情”。忘形与忘情，就是不以自己的形体为好坏，不以自己的好恶为评判的标准，这就叫“德”。有了这样的基础之后，我们再来看后面的故事，就有如庖丁解牛般迎刃而解，毫无阻力。

“充”是法喜充满，与世界的巨大能量宝库完全连接，随时可以调用之后的不在乎。以前有人喜欢买大容量的硬盘，去收集各种片子。如果我给你一个账号和密码，可以随时用 5G 网络调用全世界的各种片子，难道你还会把它存在硬盘里面、把它刻成光盘吗？到那个时候，你就不会了。

现在，你会不会有一种强烈的想要拥有它的冲动？这种充盈的感觉，才会让你真正发自内心地不再对拥有它这件事充满渴望。而你是不是真正符合这一切、能够印证到这一切，其实需要实证实修，并且得到某种内在的响应——自己确信就是这样，而另外的高人也确信是这样。

如果一个前卫艺术家赤裸全身在街上跑，可以说这是行为艺术，是在告诉你："无我相，无众生相，不以色身见如来……"如果有足够多的行为艺术作品能够证明他是这样一个人的话，他做这件事情就可以去威尼斯参加国际艺术双年展。否则就是隔壁家老王脱掉衣服在三元桥上跑，就是精神病。

因此，"符"是什么？"符"是一种内在自我的确信、整个世界游戏规则的确信，以及被彼此之间认同的高人确认之后的那种状态，我们称之为修行到此位置之后被确认的状态。在艺术界里面是这样，在文学界里面是这样，在人工智能界里面是这样，在投资界里面也是这样，这个东西就叫“符”。

简言之，**《德充符》这个名字隐含了两个前提：**

第一个前提是，德乃天生天养之物，并不是个人修行的结果，只不过修到这个方法之后，自然就会download（下载）下来。

在广州市中心，有一个特别高级的村——猎德村。“猎”者，捕捉也。而猎德就是向天猎德，是把“五德”（仁义礼智信）或者不同层面的德，从云端下载下来这样一种可能性。

第二个前提是，一切本自具足，无量无边，所以它的“充”是没有界限的。如果不确信一切本来就有、本来就多到没法再多的地步，不确信最后只需要做的不是让自己成为人，而是找到密码跟它一合即可，这一切都是下载下来，而不是在本地生成的，你就无法真正理解“德”“充”“符”这三个字的含义。

在后面的故事里，我会逐一跟大家分享被锯掉手、被戳瞎眼睛、眼睛长在头顶、下巴长在屁股后面等长相奇形怪状的人，如何充满超级人格魅力。

南老（南怀瑾老师）也在《庄子諵譁》中说：“《德充符》是说什么才是人生道德充满的境界；可是他用的，都是外形残废的人，这些残废的人都有道。所以说，一个人道德的充沛与否，不在外形的美与不美。有人外形很健康，身体很壮，像项羽一样，也同那个黑人拳王一样，打到他身上都叭叭叭的响，好像有几十斤肉那个样子；但是很蠢，里头灵魂的道德不充沛，又有什么用呢！所以这是一篇《德充符》。”

以前，对于这些我也觉得不能理解，但安静下来想一想，在你身边有没有一些类似这样的人？他们没有太多钱，也没有权力；长得既不漂亮，也无过人之处，但你就是喜欢他，愿意帮助他。而他被帮助了之后对你也没有特别感谢；即使你不帮助他，他也不难过。如果发现身边有这样的人，你一定要好好地感受他，因为这种人可能天生就是《德充符》中描述的人。

人在世界上是多么的微不足道

前文中，我已经给大家做过一次简单的开题。我认为，庄子是一个伟大的编剧，在一个没有微信朋友圈，没有新闻故事的环境下，为了讲道理，他随时可以自己编故事，想用谁的名字就用谁的名字。讲起孔子来，他随时可以让孔子变成圣人，又随时可以令这个圣人变得让人啼笑皆非。在《人间世》里面就是这样，庄子完全不被自己对某个故事的设定所绑架。我们常常听说，有些人在写故事的时候，写着写着就把自己写进去了，好像这个主人公被写到这里不死是不行的，因为剧情已经把他浓缩到这里了。这就是写故事的人写到最后被自己所创造出来的人物绑架的结果。But，庄子从来不会这样。

鲁国有一个“兀者”王骀——兀者指的是被刖足（刖刑，中国古代一种酷刑，指砍去受罚者左脚、右脚或双脚）的人。

在那个残暴的年代，统治者要想管理好人民，最好的方法就是把不听话的人拉出去。如果这个人长得漂亮，就把他的眼睛挖掉一只，扔在地上啪的踩爆给他看；还有一种刑罚就是把不听话的人拉出去，把他的腿锯断，然后将被锯下来的腿剁成馅，拿给狗吃。

其实，这些可怕的管理方法，现在还在世界上的某些地方被运用着。比如，我们耳熟能详的、最恐怖的事情不是枪决，而是炮决或者犬决。炮决就是把不听话的人固定在一个地方，然后用一门迫击炮对着他砰的一轰，连人带墙全部都没有了；犬决就是把不听话的人扔到一个上面围绕着一群需要被教育对象的房间，然后放出三只大狗，让这些人看着狗把不听话的人吃掉……

我之所以讲这些是想告诉大家，人类社会经历过如此残暴的年代。庄子所处的年代，人民群众很可怜，稍有不慎，就可能被人锯掉腿或者脚，甚至被斧头活生生地砍下头。

讲回庄子的故事，鲁国有一个人叫王骀，也不知道他犯了什么样的错误，可能就是他不小心踩到了当时某个贵族，于是，他的脚就直接被砍掉了。

你是不是觉得这是一件很恐怖的事情？读书时，一定要把自己的想法投射回那个年代，你才知道人在世界上是多么的微不足道。

现在，地球上有一些人还处在这种恐怖的暴力当中。所以，我们应该为自己还活在一个相对和平的年代而心存感恩——只是通货膨胀有点儿高，房价涨得有点儿快，食物偶尔为转基因的，空气略微有雾霾……比起生活在那些随时可能被犬决的国家的人们的生活状态，我们已经非常幸福了。

总之，王骀这个人很厉害，“从之游者与仲尼相若”，就是跟随他的弟子居然和跟随孔夫子的差不多。你要知道，鲁国可是孔子的大本营，票仓（在各国选举中，长期固定支持某个政党的票源即被称作这个党的票仓）所在。

常季问于仲尼曰:“王骀，兀者也。从之游者与夫子中分鲁。”

常季说:“王骀这个人哪，他是不知道做了什么错事儿被砍断脚的人，居然有那么多人追随他，可以在鲁国与夫子您分庭抗礼。”

什么样的人可以让你坐在他身边保持沉默，而不觉得难堪

我曾经见过一个特别厉害的骨科大夫，他帮一个女孩子治疗颈椎病。观察这个女孩子后，大夫说："针对你的颈椎病只有一个治疗方法，就是把你头发分的那条线，从左到右变成从右到左。"

现在，很多女孩子将头发甩出来之后，经常只露出半边脸，连眼睛都被头发遮住。每次说话的时候，她们都要把整个头侧过来，把头发甩出来之后，才能够看见对方。每天，十六个小时在外面待着，其中十五个小时她都把头侧着，水滴石穿哪。后来，那个女孩子把左分

变成右分以后一年，颈椎病就好了。于是她将头发梳成了中分。

言归正传，这里的“中分”指的是王骀与孔夫子分庭抗礼，一人拥有一半的学生。

常季接着说：“立不教，坐不议。虚而往，实而归。”

“坐不议”，说的是坐在那儿没有什么好讨论的。这句话什么意思？就是指王骀平常也不给弟子讲什么，当大家围坐在一起的时候，也没什么可讨论的。弟子们去的时候头脑中什么都没有，回来的时候却觉得很充实。

世界上怎么会有这样有魅力的男人？很可惜，在我们的现实生活中这样的男人已经越来越少了，当然也不会有这样的女人。**什么样的人可以让你坐在他身边，保持沉默而不觉得难堪；你本来有很多问题，见到他后突然什么问题都没有了？**

有一次，我去见宗萨蒋扬钦哲仁波切。去之前就有很多人（不是我这样认为，是他们这样认为的）说：“你肯定有圣僧缘分。在三十天里面，你见过明就仁波切，然后见宗萨蒋扬钦哲仁波切。你有什么问题想问他吗？”我也觉得应该有很多问题，因为我们都是思想界和人格成长界的小学生。但是，**真正坐在这些大智慧者身边的时候，你会发现真的没有什么好问的。**

有一天，他请我吃日本料理。坐了一会儿，我们都没有说话。后来，我只问他一句：“你能吃生鱼片吗？”他说：“我吃素的比较多一点儿。”

一刹那间，我体会到“立不教，坐不议。虚而往，实而归”的感觉。

常季又说：“固有不言之教，无形而心成者邪？”意思就是，真的能够不用说话就完成信息传递吗？

其实，真的有，就是NFC（近场通信），Apple Pay就在做这样的事情。前一段时间，阿里巴巴也推出一款叫KungFu（空付，与功夫的英文名kung fu一致）的支付工具，就是隔空能把钱给付了，这就叫作“不言之教”。看似没花钱，但其实已经花过了。幸好我们生活在这样的时代，能够很好地理解“不言之教”的含义。

那么，古时候，有没有这样一种可能性？你本来抱着许多问题去见一个老师，坐在他身边后即使什么都没说，你已经觉得收获满满，便回去了。如果有的话，是一种什么样的状态呢？

小梁有若干次类似的经历。有一次，李可老师被邀请到北京来治病。结果，一传十，十传百，当我去看他的时候，他所住的宾馆的房间已经被挤得满满，楼道外面也排着七八十个人。李可老师点着一支中华烟，在给病人开方子。

我很清楚地记得，因为年纪很大，李可老师的眼睛有一点儿不好。他写附子多少克、炙甘草多少克、人参多少克……很认真地写每一个字，香烟的火一直烧到手上，他却浑然不觉。在开方子的时候，他已经完全把自己的灵魂投入到这味药的药性中，投入到这个药性进入病人的身体会产生的反应中。

于是，在写方子的时候，李可老师特别专注，没有任何粘连，完全是安住于当下。那样的禅定功夫，不是需要盘着腿才有的。那一刹那间，我就感受到什么叫作“不言之教，无形而心成者”的状态。

后来，李可老师过世的时候，我们众弟子都去为他送行。他躺在那里，整个身体收缩了。我绕着他的身边走，却没有觉得他已经过世。我深深地觉得，曾经有这样一个灵魂投入到这个世界并救了那么多人，以至于在他的葬礼上有无数不请自来的人。当时，一位大儒写了骈体文的悼词，在抑扬顿挫地唱着。

那天，天很冷，现场却有几百个人。我想，这是什么样的力量能够令人们心甘情愿地去那里送他一程？是什么东西震撼了人们的心灵？走出来的时候，我看到他曾经治过的病人，或肥或瘦，各色人等，每个人的表情是哀伤之中的平和。我只能用“平和”这个词，因为我们都感受到了李可老师的平和。

我相信，作为残疾人，王骀一定以某种很奇怪的方式，让当时能够亲近他的人，感受到一样东西——这个人明明少了一只脚，但是为什么却像没有缺失一样？

如何让自己释放出灵魂的氧气，
让一切自然而然地发生。
做好自己分内的事情，
其他的让它自己发生。

第二章

让该来的来，让该去的去

原典

仲尼曰：『夫子，圣人也。丘也直后而未往耳！丘将以为师，而况不若丘者乎！奚假鲁国，丘将引天下而与从之。』

常季曰：『彼兀者也，而王先生，其与庸亦远矣。若然者，其用心也，独若之何？』

仲尼曰：『死生亦大矣，而不得与之变；虽天地覆坠，亦将不与之遗；审乎无假而不与物迁，命物之化而守其宗也。』

常季曰：『何谓也？』

仲尼曰：『自其异者视之，肝胆楚越也；自其同者视之，万物皆一也。夫若然者，且不知耳目之所宜，而游心乎德之和。物视其所一而不见其所丧，视丧其足犹遗土也。』

读书的乐，就是要读到趣味

前面说到，虽然王骀被砍掉了脚，但他是一个真正有魅力的人，他的灵魂具有吸铁石般的吸引力，在鲁国吸引了跟孔子的学生差不多分量等级的人来追随他。

孔子的学生常季很不解，就问孔子为什么王骀可以做到？孔子感叹道："这个王骀真是个圣人啊。"

原文是这样说的："仲尼曰：夫子，圣人也。丘（孔子名丘，"丘"是孔子对自己的称呼，别人就不能称他为"丘"。我可以叫自己"冬"，除了我妈以外别人就不能叫我"冬"）也直后而未往耳！丘将以为师，而况不若丘者乎！奚假鲁国，丘将引天下而与从之。”

孔子说：“我也很想做他的学生，不过还没有来得及。我孔丘很希望将来以他为师，更何况那些还不如我的人呢！我不仅仅要率领在鲁国的弟子，还要率领全天下的人去跟随他。”

从表面上看，庄子将孔子描写得很谦卑。其实，庄子很高级地又悄悄算计了孔子一把。庄子仿佛在说：“看，孔子这个人多么了不起，他不仅可以号令自己的学生，还可以号令天下的人去学习，说明他认为自己仅仅比王骀差一点点，能够号令天下似的喊一百来万人一起去学习，也是很厉害的。”

我们读书的快乐，就是要读到这种庄子写孔子的趣味——调侃人而不着痕迹。在读《庄子》的时候，我常常有一种跨越两千多年的时空与老先生相视一笑的感觉。当然，这很可能是我的错觉。

用心的独到之处

常季曰："其用心也，独若之何？"

意思就是，像他这么与众不同的人，如果用心的话，会有什么独特之处呢？

现在，大众很喜欢学习王阳明的心学。其实，王阳明的心学就是用心之术。而庄子也是一位用心大师——靠自己的念力改变世界，靠自己的意识吸引众人，凭自己的念头让世界发声。用心的话，你的想法就会使世界产生变化。

那么，这些是如何做到的呢？常季问得就很好，他问孔子，王骀的用心独到之处在哪里？

仲尼曰："死生亦大矣，而不得与之变；虽天地覆坠，亦将不与之遗；审乎无假而不与物迁，命物之化而守其宗也。"

大概的意思就是，孔子说："死和生这样的变化也算是大了，可是并没有令他有大的变化；天地就算毁灭了，他也不会灭亡；他知道自己没有过失，所以任由自然的变迁而不被外物所变，他主宰万物的变化，自然守住了大道不变。"

我在讲《人间世》的时候提到过"不趋利，不避害"，也就是没事儿不惹事，有事儿不怕事儿。一个人能够不用天天打电话、做路演、跟各种投资者交流，只是把分内的事情做好，就会有人拿着钱非要给他投资不可。但是，他的心里面还有点儿担忧：如果拿了投资人的钱会不会不好呢？我缺这个钱吗？你说估值要做到十个亿，我说估值不要做十个亿，做到五个亿就可以了；你说是美元，我说人民币就行了。我觉得这种状态挺有意思。

在三亚的时候，我碰到冯爷（冯仑）。以前，冯爷的《风马牛》电子刊物挺有意思，有些时候也出一些纸质书。后来，投资商就说："干脆把你这个东西做成大V，现在不是很流行自媒体嘛。"于是，就需要有估值。那天，冯爷在三亚跟我说："我跟他们说，千万不要把估值做高，做高的话，你得对得起这个估值啊。**一句话，说出来之前，你是他的主人；说出来之后，你是他的仆人。**一旦答应，他说这事儿值十个亿，我就得奔着十个亿去做，甚至还得奔着十二个亿去做，生生把自己累死，没有这个必要吧。"他的这段话倒是挺印证刚才讲到的，天地之间的变化于你而言没有那么大影响。

世界流行P2P、O2O、摩拜单车、共享经济……这些与你何干？你就是一个做酱油的、盖房子的，或者你就只是一个读书人，把自己分内的事情做好就行了。比如，高晓松老师就不需要大数据、P2P，他只需要把以前读书的那点儿快乐，舀一小勺出来跟大家讲讲就行了；不需要高科技，他照样是大V。

而另外一些人，他们总是在跟别人讲商业模式。"梁友圈"里有一位同学说："那些言必称商业模式的人，品位都很一般。”我深以为然。我的好朋友，单农的创始人，只卖男装，不做互联网营销、供应链管理、上市融资、P2P……就是把衣服做好，一样很成功。

最近一段时间，A股市场一片“哀鸿”，人均亏损八万块钱，只有茅台、海天酱油这些股票稳健上涨。这就是因为它们不会随着天地的变化而变化，该怎么酿茅台就怎么酿茅台，该怎么做酱油还怎么做酱油。

其实，做人也是一样。

做自己分内的事情，
其他的让它自己发生

孔子在《论语·学而》里面提到“学而时习之，不亦说乎”。**“学”的就是用心的艺术，如何把自己的心量打开，如何用自己的念力改变世界，如何让自己的心安住于当下，如何让自己释放出灵魂的氧气，让一切自然而然地发生。只做自己分内的事情，其他的让它自己发生。**

有一段时间，我对儿童教育有点儿焦虑，总在思考到底应该教育出怎样的孩子才能够适应未来的变化？其实很简单，就是让他把话说清楚。

有思想需要表达的时候，他能够用“墙角数枝梅，凌寒独自开”；在月光下喝可口可乐的时候，他可以脱口而出“对影成三人”，而不是“哇，好爽啊”。

语言是灵魂的监狱。你能够指望一个只会三五个成语的人教育出面向二十一世纪、二十二世纪的年轻人吗？

有一天晚上，我们几个朋友在一起吃饭，为了避免大家分小组讨论，我们做了一个成语接龙。一个人讲“天荒地老”，后面的人接的却是“老……老……老干妈”——连“老弱病残”都不会用，哪怕说“老年得子”呢（好像也不比接“老干妈”高级多少）。

讲成语的时候，已经彰显出你拥有怎样的思维模式；用语言去表达对世界的看法时，已经表达了你对世界的理解。所以，培养什么样的年轻人很简单，不用告诉他那么多，让他背一背“云对雨，雪对风，晚照对晴空。来鸿对去燕，宿鸟对鸣虫。三尺剑，六钧弓，岭北对江东。人间清暑殿，天上广寒宫……”具有这种能力以后，面对各种技术变化你会因这种不变的东西而更容易适应，这就叫作“死生亦大矣，而不得与之变”。**一旦掌握了不变的东西，面对变化时才会从容。**

在儿童教育方面，如果说有必须现在开始做的，那就是一件事——让他把话说清楚，学会多用几个形容词来表达他内心的情感。如果孩子或者你本人，能够用超过二十个词语去形容“牛逼”，那你就真的很牛逼了。

为什么长得丑还这么有魅力

在《德充符》开题的时候，我讲过“德”在这个篇目里面是忘形与忘情——“无我相”之德。不因为自己有脚或是没有脚而发出抱怨，也并不以此为意。

在孔子和学生常季谈论王骀的故事的时候，常季就问：“为什么王骀长得那么丑，脚也被砍掉了——说明他肯定是犯过错误的人，却如此有魅力？”孔子说：“他的心理没有巨大的差异变化。可能是犯了错误，也可能没犯错误，命运让他被砍掉脚，但他却不以为意。他对天地、生死这些变化早已了如指掌。他知道事情都会如是而来，也会如是而去。”

王凤仪先生是民国时期一个有意思的东北人，他劝善，劝大家放下自我。有一次，一个姓刘的弟子与他的儿子一起走路。这个时候，一辆车开过去，不小心把他的儿子撞倒了。当时，刘先生和他的儿子并没有破口大骂，没有拍照、追讨、要说法，没有憎恨，也没有抱怨。因为谁也不会刻意想撞倒谁，只不过就是不小心撞倒了，这是事实。然后，该送医院就送医院，该抢救就抢救。结果，神奇的事情是，由于当爹的没有愤怒，也没有把这种愤怒的情绪传递给周遭的人，做儿子的被撞倒之后，该去疗伤就去疗伤，很快就完全恢复了。后来，我发现这种事情其实是很有意义的。

我跟大家分享一下自己的情形。有一段时间，由于连续一百天吃烧烤和火锅，喝可乐和酒，我以为已经调好的痛风病又犯了。但是，在这次痛风发作的时候，我并没有任何抱怨，没有说就怪那个谁谁谁每次来都要求吃烧烤，就怪那个谁谁谁非要拉着我喝可乐和啤酒不可，就怪父母遗传了痛风这么个玩意儿给我……

我觉得没有什么好抱怨的。结果，这次痛风比往常来得晚一点儿，走得早一点儿。我倒不是鼓励大家去放纵自己的“口业”，去试试痛风的感觉，而是说如果真的有这种身体变化来临的时候，你只要知道它如是而来即可。

“空虚寂寞冷，穿上衣服滚。”如果你真的觉得空虚寂寞冷的时候，把衣服穿上，在床上打滚，自然而然就热了。也没什么好抱怨的，既没必要上升到文艺青年的悲哀，也没必要上升到自己原生家庭的问题。有意思吗？

王骀就是这样一个人，对于变化，他如是接受。

喜欢一个人是从某个时间开始的吗

孔子又追加了一句对于王骀的表扬："自其异者视之，肝胆楚越也；自其同者视之，万物皆一也。"这一句话需要联系《齐物论》来讲。

如果用分别心来看，肝和胆的差别就像楚国与越国的差别那么大；如果站在整个宇宙全息统一论的角度来看，世间万事万物也只不过是同一个事物的投影而已。被砍断脚和运气好成为上市公司主席，只不过是种种因缘和合的自然结果。喜欢一个人是从某个时间开始的吗？其实，在这个时间到来之前，一切都早已发生。对一些东西感到无聊或者起鸡皮疙瘩，都是有原因的。

我曾经跟大家分享过还记得“最让你热泪盈眶，甚至浑身发麻的时刻”吗？很多人都说：“哇，当我念《心经》的时候热泪盈眶，接着念《金刚经》就会浑身发麻。”或者“看见 Tom and Jerry（动画片《猫和老鼠》中的主人公）在一起变成好朋友的时候，我就会热泪盈眶。”

为什么你会为这些事情感动呢？难道仅仅是因为这些让人感动的情景吗？非也，**是因为你本来就会为这些事情感动，后来出现的情景只不过是因缘和合的结果，并不是事情本身。而本来早已发生的状况，就叫作“万物皆一也”。**

很多时候，我们要求自己的孩子英语好、数学好、按时做作业，早晨六点半起床，迅速地在十几分钟之内刷牙、洗脸、穿衣服、吃早餐、系好红领巾……我们自己在这么短的时间内都完不成这些事情，何必强求孩子做到呢？

而且我们往往把“我都是为你好”、“我希望你能够养成好习惯”种种加诸对孩子的呵斥和要求里面。找一套三年级的奥数题让家长来做一下，我相信百分之九十的人可能连题目都读不懂。还要求孩子从小学三年级到高三奥数成绩优秀，有这个必要吗？你自己都做不到，为什么要求别人做到呢？如果自己能够自然而然地做到，那么你的孩子自然就能做到。

所以，**儿童教育并不存在要求的问题，而是你们能否共同成为这样的人。一个自己都没有礼貌的父母却要求孩子有礼貌，有可能实现吗？“万物皆一也”，说的就是你和自己的孩子也是一体的。当我们真正理解“万物皆一也”这句话以后，儿童教育就变得很简单了。你想让孩子成为什么样的人，首先自己要成为什么样的人。**

“夫若然者，且不知耳目之所宜，而游心乎德之和。物，视其所一而不见其所丧，视丧其足犹遗土也。”这句话就是说王骀丢了脚，像在身上抖落土渣一样，他并不认为有脚和没有脚有什么区别。

高级的女人不会认为自己有多漂亮就高人一等，有智慧的男人也不会认为自己有多智慧就目空一切，多和少都只不过是相对而言。

有一天，我和朋友聊天，我说：“像我这种没有读过什么书的人……”对方就说我假装谦虚。其实不是，以我的知识、读过的书和现在在喜马拉雅FM面对那么多朋友讲解《庄子》这件事情而言，我真的是一个没有读过什么书的人，错漏百出。

所以，我希望等《梁冬说庄子》快要结束的时候，知乎、得到、得脉等APP上面的各路英豪可以列举梁冬在《梁冬说庄子》里面出现的一万个错误或一千条硬伤，我会把它们列在《梁冬说庄子》这本书的后面，就像很多人在写关于蒋勋的一百处硬伤那样。

如果蒋勋老师自己不去这样讲，你怎么会有机会去写他有什么错误呢？很多人连有没有错误这件事儿都不知道，更何况对错呢？我记得一个朋友讲过，“议而不辨”中的“辨”不是辩论的“辩”，而是分辨的“辨”。我也讲过“议而不辩”，的确，我也讲错了，应该是分辨的“辨”，不是辩论的“辩”。

总之，一个“德充符”的人，一个德行充满并连上宇宙Wi-Fi，和宇宙自然而然的“德”联结在一起的人，一个忘记自己的形体美好或残疾的人，就会拥有符合天地的状态。

多样性恰恰是世界美好的原因所在

王小波曾经讲过类似的话，他认为，**多样性恰恰是世界美好的原因所在。**其实，地球上可能有一些鸟就是有三只翅膀，可能有一些鸟就是没有翅膀，可能还有一些鸟就是胎生，还有一些鸟其实是人（我们称之为“鸟人”）。

如果理解世界是多元、多生态的，你就不会简单认为只有拥有两只手、两条腿、两个鼻孔、两只眼睛的才是人。人类越发像地球上的物种一样单一，其表现就是人类词汇量的匮乏。某段时间，所有人都在用“囧”；某段时间，所有人都在用“厉害了我的哥”；某段时间，所有人都在用“怼”……这恰恰是世界悲哀的源泉，是一种语言的专制主义暴政，是技术和人们的非多样性，也就是“丧其德”的现象。

那么，德是什么？德就是物尽其用、物展天性、各司其职、各成其能、自然而然。对于王骀来说，他认为自己缺少脚是如此自然，能够自然地接受自己的独特性，便成为一个有魅力的人。

你知道也许自己是三分之一的男（女）人加三分之二的女（男）人吗？你知道自己本来是一个不适合结婚的人吗？你知道自己可能是一个学霸吗？你知道自己应该成为一个化学家吗？你知道自己可能是天才吗？如果对自己拥有或失去的都保持如此而来、如此而去的状态，你就成为王骀真正的接受者，这就是《德充符》讲的“德”。

德充符

人为什么有魅力？
因为我们能够在一个有魅力的人身上看见自己，
甚至看见更美好的自己的可能性。

第三章

有魅力的人自带Wi-Fi

原典

常季曰：『彼为己，以其知得其心，以其心得其常心。物何为最之哉？』

仲尼曰：『人莫鉴于流水而鉴于止水。唯止能止众止。受命于地，唯松柏独也正，在冬夏青青；受命于天，唯尧、舜独也正，在万物之首。幸能正生，以正众生。夫保始之征，不惧之实，勇士一人，雄入于九军。将求名而能自要者而犹若是，而况官天地、府万物、直寓六骸、象耳目、一知之所知而心未尝死者乎！彼且择日而登假，人则从是也。彼且何肯以物为事乎！』

九个男人里，九个半喜欢照镜子

常季曰：“彼为己，以其知得其心，以其心得其常心。物何为最之哉？”

常季问他的老师孔子：“王骀有什么了不起的呢？他只不过比较聪明，能揣摩到自己的心，也能揣摩到大家的心，然后去吸引大家。这个很厉害吗？我实在搞不懂，为什么大家一定要去追随他？”

孔子的回答很有意思，他举了一个例子，说：“总会有一些人去看那平静的水，不是因为水，而是因为在平静的水面可以看到水中自己的倒影。”

在我青春期的时候，有一次和舅舅经过攀枝花大街，看到一家卖镜子的店，我就进去了——你知道，青春期的少年总是很喜欢照镜子。舅舅说："你看你才多大的小娃儿，就喜欢照镜子。"我很羞愧，以后就常常提醒自己，经过镜子的时候不要照。

后来，我在香港住的房子有个特点，那栋楼的有线电视的一个频道，和电梯间里面的摄像头连在一起，所以每个人都可以从自家的电视里面，看见电梯间里有什么人进进出出。而电梯间里有两面茶色的镜子。

在凤凰卫视工作的时候，我有些时候会很无聊，就打开那个频道，看一下人们在电梯间里面怎么看自己，感觉自己就像保安一样生存着。后来我发现，只要电梯门一关，人们就开始在电梯间里照镜子，而且男人比女人还喜欢照镜子。**大概九个女人里面有七个会照镜子，九个男人里面却有九个半都会照镜子。为什么是九个半呢？因为我常常发现，有些男人从电梯间里走出去了，又回来再照一遍镜子，然后才走——男人真是太喜欢照镜子啦！**

这就是人性，因为人们想在镜子里看见自己。

孔子说：**“如果一个人的心很静、身体很静、频率很静，他能吸引别人的原因就是，他可以像一面镜子一样。”**

在古代的时候，水面就是人们的镜子，西施、貂蝉，她们都经常到水边去，并不是为了洗衣服，而只是走到水边看看自己有多好看。

从这一点上来说，我觉得这句话很深刻：**人为什么有魅力？因为我们能够在一个有魅力的人身上看见自己，甚至看见更美好的自己的可能性。这是一切有魅力的人吸引别人的主要原因。**

所以，那些能够让你看到自己的人，你就会喜欢他；那些伟大的文学艺术作品，总是能够让人们在读一本书、看一部电影或电视剧的时候，发现自己的影子。这是吸引力法则里面一个极其重要的原则。不读《庄子》，都不知道原来孔子有那么厉害。《庄子》里记述了孔子的魅力源自何处——他安静得能够让你看见自己。

一个有定力的人，会有魅力

孔子说“人莫鉴于流水而鉴于止水”，人不能够在流动的水中看见自己，只能在静止的水中看见自己。有一天，我去叶师家玩琴，其实是我看他们玩琴。叶师是北京一个很有意思的制琴大师，他给其中一款琴起名字就叫“止止”。

孔子继续说：“受命于地，唯松柏独也正，在冬夏青青；受命于天，唯尧、舜独也正，在万物之首。幸能正生，以正众生。”

什么意思？松柏这样的植物，跟一般受制于土地地气的植物不一样，那些植物会随着季节的变化而变化——春天开花，夏天长叶，秋天结果，冬天落叶。而松柏能够超越这一切，它有自己独特的内在个性，所以它超越了对土地的依赖，或者说对地气的依赖。

其实，这是一个比喻，松柏因为有内在的定力，所以它的形象不受外界环境的影响。而**像尧、舜这样的人，他们也超脱天命的影响，能够按照自己的意识生长。所以他们能够正生，并给其他的生命带来正能量——“以正众生”。**

对于这段话，冯学成老师曾说过：“干大事的人一定不能自乱分寸，否则就会引起连锁反应。若方寸不乱，还能达到宁静致远的境界；再加上观察正确、分析正确、判断也正确，那就胜券在握了。”

有一篇叫《请刘胡兰离我的孩子远点》的文章挺有意思。写这篇文章的家长表示，他不希望自己的孩子在学校接受教育的时候，看到的都是残暴、杀戮、把自己的性命扔出去，等等。

一位教师回复了这位家长的来信：家长首先要知道这是由于当时的历史环境造成的。而且孩子除了要接受生命以及自我保护的教育之外，还要有“义”的教育。这种“义”，是超越个体生命的，它是一个民族的脊梁，是一个民族的精神。今天的教育，仍然需要让孩子知道，我们的民族曾经有秋瑾、刘胡兰这样勇敢的人，这是一种让整个民族保持正心正气的教育。对于一个民族来说，这是超越个体的教育，并且非常有意义。

无论你是否认同这位老师回复的态度，起码他在传递一种观念——正生。因其“能正生”，所以“能正众生”。他自己内在的浩然之气，可以震住一方能量。

我们不能要求每个人都做到这样，但人群中总有一些人不受环境影响，不受情绪影响，不受“一不小心不知道哪里做的错事，最后被砍了一只脚”这种事件影响。他只是按照内在的“我”去生活。而这种人内在的定见和知见，会反映在他的行为上，会反映在他独处时的状态上，甚至会反映在他在人群中时安静的状态上。

奇妙的事情是，当这种人一旦定在那里的时候，他就自带 Wi-Fi，所有人都跑到他的身边去了，因为他是一个 Wi-Fi 发射器。你想想看，如果一堆朋友里面有一个人，他本身就是一个移动 Wi-Fi 且信号极强，总是发射超过 5G 的信号，而且静止不动，会出现什么样的情况？想必所有有手机的人，都想站在他的身边吧。

孔子用这个例子让我们明白了，为什么王骀有价值，原来他就是一个心灵 Wi-Fi 发射器。他既不受制于自己的形象，也不受制于自己的情绪，更不受制于自己过往的历史，甚至不受制于别人对他的看法，同时带来安定的力量，这种力量可以让那些接近他的人也感受到这种定力。**一个有定力的人，就会有魅力。**

尼泊尔地震的时候，一个九零后的年轻人，见证了一个修行者在地震开始后，没有变得更快，也没有变得更慢，一直安静坐在那里的状态。很快，所有的人都从开始的慌乱，到最后全部安静了下来，暖暖地目睹着八点一级地震的发生。

如果你成为这样的一个人，你会如何？我们可以想一想，**领导者不就是平常的指南针，关键时刻的定海神**

针吗？ 一个家里伟大的太太，不就是在关键时刻保持镇定的人吗？

为什么说“家有一老，如有一宝”？因为老年人见过的事情多了，发生事情的时候他不会慌张。这种不慌张的、稳定的频率，就是吸引力的源泉。这就是《德充符》分享给我们的重要启示。

一个人的魅力养成之道

一个残疾人，为什么有如此魅力？庄子借孔子的口，层层深入，和我们分享了王骀的人格魅力。以前读《德充符》的时候，我都没有真正体会到一个人魅力的养成之道，究竟源自何处。

我们来看一下孔子是怎么给他的学生讲的。他说：“夫保始之征，不惧之实；勇士一人，雄入于九军。将求名而能自要者而犹若是，而况官天地、府万物、直寓六骸、象耳目，一知之所知而心未尝死者乎！彼且择日而登假，人则从是也。彼且何肯以物为事乎！”

大致的意思是，一个勇士，凭一己之力，敢突入千军万马的敌人当中，横冲直撞。一个求取功名的人，尚能够有此勇气，更何况那些主宰天地，胸中包含万物，把自己的身体作为一间小小寓所，真正拥有自由灵魂的人呢，他们认为耳目所看见的万物都只是幻相。

这就像一个知道自己进入 VR 游戏厅里面的人，他抄着一挺机关枪突突突突地打，因为知道自己打的全是假东西，自然就没有畏惧了。

“一知之所知”，就是只要知道一件事情，他就知道所有事情。只要知道在玩游戏这一件事，那么在玩任何游戏的过程中，看见的人、碰到的事儿，那都不是事儿。“而心未尝死者乎”，他知道只要自己的意识存在，灵魂不死，就没有太多让自己害怕的事情。

幸好我们活在一个有 VR 游戏的时代，游戏玩家都有过这样的体会，只要知道这是一个游戏，他就会面对生死而无惧。在游戏里面，被人杀或者杀人，都不会给他带来真正的慌乱。如果你在万丈红尘之中，拥有一个游戏玩家的心智模式，别人都被游戏带着走，只有你知道这只是一个游戏的时候，别人怎么会不追随你呢？

“人则从是也”，人们都会觉得这个人太厉害了。尤其是一个资深骨灰级游戏玩家，知道来到这个环节，敌人就会冒泡，要把对方抓了；到那环节，就有金币可以拿了；在过了这一关之后，就可以将“导弹”收入囊中……其他的菜鸟级玩家，自然追随于你。

有一天，我问宗萨蒋扬钦哲仁波切：“什么叫‘宏大视野’？一个拥有宏大视野的人，是不是就没有恐惧和悲伤了呢？”

当时，我看到宗萨蒋扬钦哲仁波切的脸上出现了一种很奇怪的表情，他的眼睛里面突然充满泪水，但他的嘴角是微笑的——对相信总是会来到世间的灵魂来说。我不是一个佛教徒，我不能证实或者证伪他说得对或者不对，我只是转述他的描述。

宗萨蒋扬钦哲仁波切说：**“对于那些有宏大视野的人来说，宏大视野，就是他能够看到累生累世的人，他知道所谓的死，也只不过是睡一觉，醒了之后，又要投**

入到解救众生这样一份工作中，他就不那么害怕生或者死了。于是，他就会充满一种真正对这份工作认真的态度。”

你不觉得，宗萨蒋扬钦哲仁波切讲的这段话，和庄子借孔子之口讲的王骀的状态很像吗？一个人世间的骨灰级玩家，如果他觉得，或者他相信自己已经来到这里很多次了，玩了很多遍了，而且知道怎么玩儿了；他也知道别人的恐惧其实只不过是假象，是可以借由某种方法不那么害怕的时候，他就会充满一种对生命的定见之力。

再强调一遍，我不是一个佛教徒，我并不能确信他讲的是对或者不对，我也没见过所谓我的前世和未来，我只是描述采访的一个修行人当时的回答，如是我闻。

不过据我所知，宗萨蒋扬钦哲仁波切很喜欢庄子，也许他们讲的是一回事儿。他们讲到这个东西“*官天地，府万物，直寓六骸*”，主宰着天地的运行，把万物藏于自己胸中，视自己的身体为一个临时的公寓——今天住过来，就在这个房间里面，做一些在这个房间里面能做的事情；把眼睛和耳朵所见所闻的东西，视为一个又一个幻相，知道自己在假象当中要真诚地玩的状态，视为“一知之所知”，而且知道心、意识一直都在，从来没有消失和死亡过。

当一个人坚定地拥有这种信念，并且用它处理自己在人世间的问题时，他的从容、自在，对他人活在幻想当中的宽容，对他人被种种外欲所裹挟的痛苦而产生的由衷慈悲，再借此所生出来的智慧光芒，全然构成了这个人吸引力的源泉。

所以，一个人的魅力并不是把脸削两块骨头，用自拍竿从上往下拍自己，拍到胸肌乍现的样子，而是那种拥有定力和定见之后的气度。

《德充符》就是一门魅力人格修炼公开课

有些时候，我觉得《论语》是一门幸福公开课。子曰："学而时习之，不亦说乎？有朋自远方来，不亦乐乎？人不知而不愠，不亦君子乎？"

前两句讲的是如何获得快乐，后一句讲的是如何避免不快乐。而《德充符》是什么？《德充符》就是一门魅力人格修炼公开课。

看明白这段的意思后，你就会理解为什么有一些女青年总是有很多男人追，为什么有些男青年身边总是有很多人围绕着他；为什么有些父母，孩子就愿意跟随他，全来源于此。

曾经，我观察过一个家庭，定力比较强的家长，不管是父亲还是母亲，也许他平常陪伴孩子的时间并不长，也许他对小孩子也没有什么要求，也许他也没有做什么特别的事情，但当这个孩子长大以后，反而更深深地受到这个家长的影响。这样的家长，也许是爸爸、妈妈、爷爷、奶奶、外公、外婆，甚至是舅舅、叔叔、姑妈，都有可能。

就是这样一个合于道、明于理、游乎于宇宙之间的安定的灵魂，充满灵魂氧气的 Wi-Fi 发射器，自然而然，万世万物都会为他所吸引，不仅是人，连天龙八部都会缠绕在他身边。我见过的那些有魅力的老先生，无不拥有这样的气象。所以，女青年们，如果今天还没有把自己嫁出去，可能仅仅是因为，你所释放出来的慌乱、赶紧把自己嫁出去的恐惧所带来的频率混乱，吓跑了本来可以成为你老公的人。

如果你是妈妈，总是抱怨孩子不够听话，不够爱你，不够专注于学习，与你的配合度不高，可能也是因为你自身内在的慌乱、不自信频率的跳跃而带来的影响。**孩子都是超级灵敏的移动终端，他们不一定知道你到底有多好或者不好，但他需不需要在你身边，是否会被你吸引，其实是不言自明的。**

道家讲“精气神”，精是物质，气是能量频谱，神是意识。以神统气，以气驭精。**你的意识可以影响你的能量，你的能量可以作用于周遭的物质。**所以，它的次第还是不一样的。

没有想到，《德充符》在一开始就已经把话题切入得这么深了，后面的故事该怎么讲，才能够把已经切入这么深的话题，再次展开？

我一直怀疑，是不是在这些已经接近本质的事情之外，还有更加微妙的内涵。所幸的是，每次读《庄子》，我都会发现还有更深、更广阔的空间等待着我们去体会和理解。

《庄子》就像一个湖，你以为把它里面的水抽干之后就没有了，但你会发现，湖底有一个盖子，一打开这个盖子，就会发现下面还有一个更大的海。你怎么知道这个海被抽干之后，不会又发现另外一个盖子呢？

没有应该、活该，这就是命运的安排。没事儿不惹事儿，有事儿不怕事儿，这就叫『不招福，不避祸』。

第四章

没事儿不惹事儿，有事儿不怕事儿

原典

申徒嘉，兀者也，而与郑子产同师于伯昏无人。子产谓申徒嘉曰：『我先出则子止，子先出则我止。』其明日，又与合堂同席而坐。子产谓申徒嘉曰：『我先出则子止，子先出则我止。今我将出，子可以止乎？其未邪？且子见执政而不违，子齐执政乎？』

申徒嘉曰：『先生之门，固有执政焉如此哉？子而说子之执政而后人者也。闻之曰：「鉴明则尘垢不止，止则不明也。久与贤人处则无过。」今子之所取大者，先生也，而犹出言若是，不亦过乎！』

子产曰：『子既若是矣，犹与尧争善。计子之德，不足以自反邪？』

宁肯孤独一人，
也不要聚集在身边的乌合之众

有吸引力、有魅力的王骀把人世间视为千军万马的一场 VR 游戏。他的心是不死的，他的宏大视野会带来一种超然的定见。这种定见就像定海神针一样，会吸引无数追随者。

但在《德充符》里，庄子借孔子的口，话锋一转，讲到了更高级的层面。虽然我们都觉得，王骀是超级有魅力的人，但孔子却说，众人都乐于跟随那些合于大道的人，但合于大道的人又哪里肯把众人的追随当一回事呢？其实，被很多人追随的超级领袖心里想的却

是“不要追随我”。

克里希那穆提是一个很有趣的人——大概身心灵界的朋友都知道他。这个人最可爱的地方是解散了自己的追随者团体，除了一个最亲近的、帮助他的人外，他让所有人都离开了自己。他觉得自己不需要追随者，也不希望这些人因为追随他而成为乌合之众。

有些时候，一个团体的人多了之后，就会形成人心的比较，我无数次在大德的身边看见追随者彼此之间暗中较劲的样子。

对于超越领袖层面、超越希望有人追随自己、超越让自己成为魅力达人的高级灵魂而言，这些追随者只会带来新的烦恼。

所以，像王骀这样的人，并不在乎别人对他的蜂拥而至和追随。

一些五线或者四线的角儿，平常戴着墨镜、鸭舌帽和口罩在机场走来走去，生怕被别人发现似的。但他们却又找人组织各种影迷会、歌友会，甚至故意暴露自己的行程，这样在他们出现的时候，又能让很多影迷、歌迷追随——真是人间幻相啊。

既不想被别人看到，又怕别人没有将他们认出。这种奇怪的现象不仅出现在中国，全世界都这样。只不过在我们周遭，这样的情形更多一些罢了。

没有应该、活该，这就是命运的安排

我们继续看《德充符》的第二个故事。

申徒嘉就和上个故事中的王骀一样，也是被砍掉一只脚的人。他和郑国的子产（一位郑国的大夫，姓公孙，名侨，字子产，可以称他为公孙侨，或者公孙子产）一同拜伯昏无人为师。昏伯无人是一位庄子虚拟出来的得道高人。一看这个名字，就知道是庄子起的。**名字即品牌，品牌即性格。**作为一个超级编剧，庄子给主人公起名字的时候，已经清楚了他的意识形态，或者已经清楚了他的态度。

申徒嘉——一个被砍掉脚的人，和郑国的大夫子产是同学。子产就对申徒嘉说："如果我先出去，你就等一下再出去；如果你先出去，我就等一下，咱俩别一起走。"言下之意，我跟你不属于一个阶层，我和你走在一起会跌份儿。

申徒嘉淡淡地说："我们的老师伯昏无人，怎么会有你这样的弟子呢？你津津乐道地把爵位挂在嘴上，就可以不把别人放在眼里吗？我听说没有尘垢的镜子，才能明照，也就是说那些布满灰尘的镜子，是照不到东西的。常跟贤人在一起，是不会有过失的。现在，你来到先生这里求学问道，竟然说出这么 low（低级）的话，你不觉得太过分了吗？"

子产说："像你这种受过断足之刑的人，还要和尧这样的人争善，觉得自己很高级，你掂量一下自己的德行，难道不应该有所醒悟吗？"

申徒嘉说："辩解自己的过错，认为自己不应当受到断足之刑的人很多；不辩解自己的过错，认为自己应当受到断足之刑的人很少。**懂得事情的无可奈何，安心接受命运的安排，这只有有德的人才能做到。"**

申徒嘉的意思是，有些人知道自己犯了错误，而且还能接受自己的脚被砍掉这件事情，已经很不容易了。他们认为这些都无所谓，这就是命运的安排。所以，他不讨论自己对或不对，只是全然地理解和接受脚被砍掉这件事儿。

言下之意，申徒嘉自己可以全然地接受命运的安排，而子产，却还斤斤计较于自己是有爵位的执政大臣，心里面装着一个有分别的世界，念念不忘地执着于自己应该受到什么样的待遇，申徒嘉应该怎么回避他。

申徒嘉觉得**没有应该、活该，这就是命运的安排。没事儿不惹事儿，有事儿不怕事儿，这就叫“不招福，不避祸”。**

这一番对话，还真是挺超越普通人境界的。这让我想起了一个人，他就是美团网的创始人王兴。我和王兴兄有过一面之缘。我素来知道他是一个相当了得且极其聪明的人。他经历过好几次创业，“偷”过“菜”，做过火锅……。做了美团之后，他的气魄很大，坦然地面对各方诱惑、各方打压、各方混战。你知道管理那么多外卖小哥，跟烤串店、烧饼店、馄饨店等各种档口餐厅的人打交道，其中有多少辛酸和不易？

基本上，他是用商业的方法在管理一支“军队”。但是，他却有一种很奇妙的精神状态。

记得那一次，我们在一个聚会上吃饭，恰好他坐在我旁边，我们互相交换微信时，他非常客气地对我说：“啊，梁老师。”我也赶紧说：“王老师，久仰久仰，失敬失敬。”

在他的身上，我没有看到一点儿骄傲、一点儿霸气。人家干那么大的事儿，全然像一个温和的产品经理。账户有上百亿美金的一个人，不为此受任何影响，仍然如此谦卑而温和。并且，他的谦卑不是装出来的，自然而然地就是这样的状态。

为何如此？是天性吗？还是因为别的原因呢？

我觉得，除了天性之外，可能还和他的连续创业有关。

他一直在创业，不断失败，但每次失败又都能够再次创业。**对于一个连续创业者来说，他一定很了解，到什么时候就会有融资的问题，到什么时候就会有人员流失的问题，到什么时候就会有高层斗争的问题，到什么时候就会有恶性竞争的问题……。反正这些都是正常的事儿。人世间千军万马，只不过投身进来玩一票，而且全然了解各种游戏规则。**

于是，他就会外化出一种淡然，而这种淡然是装不出来的。只有经历过连续创业很多次的人，才会有这样的心态。

凡走过的必留下痕迹，最终都成为生命的资粮

有一天，一位朋友问我，如果他最后不得不离婚，该怎么办？因为他对此有点儿恐慌。我跟他说，连续结婚、离婚，就跟一个连续创业者一样，多来几次，就拥有了一种超乎寻常人的魅力，知道所谓婚姻就是一场人生的体验游戏。如果愿意认真玩儿，就多玩儿几次；如果不愿意玩儿，就抽身出来，也不会因此而受伤。

最近，我碰到的几个连续结婚、离婚的人，到一定阶段以后，他们已经进入一种脱离婚姻、超越爱情的状态。随时都能谈一场不错的恋爱，又随时都能抽身而

去，不带走一片云彩，这真的不是装出来的。

所以，申徒嘉可能在多次历经生活的磨难后，无论是面对一个执政大臣，还是一个贩夫走卒；无论那个人是看得起自己，还是看不起自己，都没有那么愤怒了，他只是在陈述一个状态。

过来人，就有过来人的淡定，凡走过的必留下痕迹。这些走过的痕迹，最终都成为我们生命中最重要的资粮。

亲爱的朋友，你已经入睡过很多次，也醒来过很多次，所以，应该不会太恐惧于每天一个人落入深深的黑暗之中。你为什么不怕这种超级孤独的、在黑暗之中的独处呢？这是因为，你已经反复入睡醒来过很多次，而且大部分时候，你都在第二天早上又安全地醒来。所以，你会觉得这是一个很平常的体验。

冯学成老师在《禅说庄子》里说过："人世间的很多事情是无可奈何的，明知无可奈何又不甘心，不甘心就要蹦跳，就要找出路，就要改善自己，结果能如意的又有多少呢？对于那些无可奈何的倒霉的事情、人力不可能改变的逆境，真正能够心安理得地接受，这样的人不多。唯有德者能之，只有真正有德行的人，才能够如此。”

我认识的几位修行者，他们认为所谓宏大事业、所谓人生，也只不过是一场游戏，到差不多的时候去睡一觉，在合适的时候又重新醒来罢了。

当你拥有对待人生犹如对待一天中睡和醒的心态时，还有什么事情不能让你释然呢？

德充符

『别人家的孩子』是一个很可怕的名字，它是很多孩子共同优点的集成。

第五章

对于孩子来说，最幸福的事情莫过于拥有没有比较心的母亲

原典

申徒嘉曰：『自状其过，以不当亡者众；不状其过，以不当存者寡。知不可奈何而安之若命，唯有德者能之。游于羿之彀中。中央者，中地也；然而不中者，命也。人以其全足笑吾不全足者多矣，我怫然而怒，而适先生之所，则废然而反。不知先生之洗我以善邪？吾之自寤邪？吾与夫子游十九年矣，而未尝知吾兀者也。今子与我游于形骸之内，而子索我于形骸之外，不亦过乎！』子产蹴然改容更貌曰：『子无乃称！』

很多事情看起来似乎是偶然，其实都是必然

《德充符》是一个修行故事集成体，讲的是要如何忘掉一部分东西，从而与宇宙的真理连接之后，让自己超级有魅力，同时还觉得有魅力也无所谓的故事。《德充符》中“德”的两面是“忘形”与“忘情”，这里面有很多故事。

继续讲申徒嘉与子产的故事。子产，是郑国的大夫（相当于现在的国家级官员）。子产总是不能够接受跟受过断足之刑的申徒嘉同席而坐。

申徒嘉就对子产讲述自己的心路历程，以及怎么看待被砍断脚这件事情。他说："对于很多事情，我们必须学会安心地接受命运的安排。有德（宇宙沟通能力）的人，才会理解命运的过程。"

很多事情看起来似乎是偶然的，其实都是必然。愤怒、焦虑等负面情绪都是对于偶然不可控情绪的反应。每个人都会在活过三万多天以后长眠不醒。虽然有恐惧，但是大部分人从来都不会怨恨这件事情，因为这是必然的。既然是必然的事情，大家也就不去讨论、不去愤怒了——就这样接受吧。

然后，申徒嘉引申开来对命运安排事情的阐释：刚开始的时候，他也不能够接受。当有人笑话他断足残废的时候，他会勃然大怒。后来，来到伯昏无人先生这里，他的怒气就全然消失了。

申徒嘉对子产说："你知道先生是用什么样的善道感化我吗？我跟随先生十九年了，但先生从来没有让我感觉到自己是断了脚的人。如今，我跟你是同门师兄弟，彼此本应心灵相通、以德相交，而你却用外在的形体来说长道短，岂不是太过分了吗？你配做师父的弟子吗？”

子产听了申徒嘉的一席话后，深感惭愧地改变了态度，对申徒嘉恭敬地说：“请你不要再说下去了。”

对我们来说，这种场景似乎有点儿遥远，好像很难产生共鸣。那么，我把这个故事演绎成大家熟悉的场景：很多女人会说，别人的男朋友或老公既舍得花钱又能赚钱，还会夸自己的爱人。情人节的时候，他们知道该做什么；“剁手节”的时候，他们又知道该做什么（古代的人剁脚，今天的人剁手。唉，为什么古代人剁脚觉得很悲伤，而现在人剁手却觉得很高兴呢？真是奇怪）。总之，现在很多人都会这样，将自己跟别人比，将自己的男朋友或老公跟别人的比，将自己的女朋友或老婆跟别人的比，将自己的儿子或女儿跟别人的比……

再比如，一些家长从来不觉得自己的孩子需要跟别人家的比较。别人家的孩子英语说得再好，琴棋书画、吹拉弹唱再精通……这些都和自己的孩子没有任何关系。而另外一些家长就会心生焦虑，把自己的担心、面子上的挂不住等，都转换为对自己孩子的数落："为什么别人家的孩子已经把单词背到这么多了，你看看你？""为什么别人家的孩子可以把每行字都写得那么整齐，而你就中间差一行？"

这些话语好像是家长在为孩子的未来担心，其实是他们内在自我焦虑的外化。

自由从来都不是别人给你的

为什么会焦虑呢？小的时候有一段时间，我也很自卑。高一时，我们需要去换拖鞋的教室（计算机学习室）学习 DOS 语言操作系统。这门功课我就一点儿都没学会，那是我高中唯一几乎是零分的课程。你知道当时我有多么恐惧吗？我很害怕互联网时代还没有来临自己就已经被抛弃了，在互联网界 international（国际化）来临的时代我该怎么混？

命运的安排就是如此奇妙，后来居然让我这个文科生去了一家互联网公司，管 marketing（营销）、管企业文化；还让我跟别人在一个叫作《冬吴相对论》的节目里面讨论“人工智能”的未来；甚至让我能够跟王小川一起正襟危坐地讨论灵长类机器人可能对人性的影响。

我说这个故事的原因是，把小时候那种因为比较而发现的不足导致的恐惧，放在宏观的历史里面来看，是很可笑的。现在，我对自己曾经担心不会写 DOS 系统而感到焦虑的事情深感可笑，这就叫作“宏大事业”。

申徒嘉在伯昏无人那里，全然没有感受到自己是已经断了脚的人。他感受到了那种物我两忘、没有分别心的状态。伯昏无人用十九年没有分别心的生命状态，深深地覆盖了申徒嘉的心智模式。因此，申徒嘉理解了，没有分别心使自己不觉得有脚和没有脚有何不同。

孔子认为，**用万物一体的方式来看待世界的时候，就会拥有平等心。成为这样的人以后，我们不仅能够让自己自在，也会让旁边的人自在。**

对于孩子来说，最幸福的事情莫过于拥有没有比较心的母亲。可能很多人拥有这样伟大的母亲，但是小的时候，他们觉得一切都理所当然。等长大以后，如果他们有机会接触原生家庭的教育，接受身心灵的课程，并且洞察了之后，他们才会真正知道在不知不觉之中，他们收到了一份伟大的生命礼物——母亲从来没有将他们和别人作比较，从来没有说“瞧瞧别人家的孩子”。因为**“别人家的孩子”是一个很可怕的名字，它是很多孩子共同优点的集成。**

一个人经常谈恋爱也是件很可怕的事情，如果不能够走出之前的感情经历的话，他会把前任的优点全部集中在一起，来对待新的爱人；一个换过很多次工作的人也很可悲，他会把之前就职单位的优点，全部换成对新单位的要求。

如果人们能够解脱，就像之前说的经历若干次的轮回之后，就会突然发现，原来事情总会重复：男人总是不靠谱，无论嫁给谁，都会成为“丧偶式”抚养孩子的状态；女人同样不靠谱，无论娶了谁，都会在某天不把自己当个人物来看待……这都太正常不过了。

我特别喜欢观察大人物（不管是商界、政界还是身心灵修行界的“先贤们”）的女朋友或太太的面部表情。每次看到这些在外面混得风生水起的人，他们女朋友或太太的表情里却充满对他们不屑的时候，我就会跟我的同事说："小智，你已经活得很好了，差不多每个女人都是一样的。"

所以，**关键不在于你经历过多少次这样的轮回，而是你是否能够从经历的轮回当中，突然产生一种觉察——没有什么好比较的。**

当然，我远远没有做到自己口中描述的合乎道的人。基本上，我是合乎道的人的反面例子。

读书最大的好处就是，你能够觉察到自己的无能、不知以及心智模式的缺陷。哪怕不能将其改正，至少我们觉察到了。

止观禅修的核心在于"止"，就是把注意力放在一件事情上，等意识到这件事情也是不存在的时候，就进入空相；"观"，就是觉察自己的眼耳鼻舌身意，都是随时起、随时灭的影像状态，像"如梦幻泡影，如露亦如电"的闪烁。当觉察到它的时候，你就会开始走上自由之路。

自由从来都不是别人给你的，而是你发现这件事情真相之后的瞬间解脱。

如果我们总是陷入对事物片面的看法，
我们的意识雷达只看到一半，
就好比我们的身体只保留一半，
这都是脑残、心智不全的表现。

第六章

脑残其实不是一种病，因为我们大部分人的意识都不完整

原典

鲁有兀者叔山无趾，踵见仲尼。仲尼曰：『子不谨，前既犯患若是矣。虽今来，何及矣！』

无趾曰：『吾唯不知务而轻用吾身，吾是以亡足。今吾来也，犹有尊足者存，吾是以务全之也。夫天无不覆，地无不载，吾以夫子为天地，安知夫子之犹若是也！』

孔子曰：『丘则陋矣！夫子胡不入乎？请讲以所闻。』

无趾出。孔子曰：『弟子勉之！夫无趾，兀者也，犹务学以复补前行之恶，而况全德之人乎！』

无趾语老聃曰：『孔丘之于至人，其未邪？彼何宾宾以学子为？彼且以蕲以諔诡幻怪之名闻，不知至人之以是为己桎梏邪？』

老聃曰：『胡不直使彼以死生为一条，以可不可为一贯者，解其桎梏，其可乎？』

无趾曰：『天刑之，安可解！』

表面上不健全的人，影射出一种什么样的不全

《德充符》整篇都在讲残疾人的故事，也许是因为在庄子生活的年代，一般老百姓很难保全自己的身体吧。

在《国学堂》里，我在给王东岳老师做访谈的时候，他引述过郭沫若先生的考据：根据甲骨文可以得出，“人”与“民”是两个不同的概念。“人”是指立于天地之间、贯通天地、得天地之德行的君子；而“民”在造字上就表示一只眼睛的人，言下之意，是被戳瞎一只眼睛的人。

“人”是统治阶级，是君子、靠智慧保有全形的人；“民”是因为犯了种种错误，而被戳瞎眼睛、被锯掉脚等形体不全的人。所以，这是两种不同的状况。当然，那是在遥远的庄子时代，在今天，似乎这种造字的原意已经被遗忘了。

在《德充符》里面，庄子整篇都在讲“形不全”的人——残疾人。他又讲了一个故事，不过这个故事指向了另外一种残疾，那就是，到底表面上不健全的人，影射出一种什么样的不全呢？待我慢慢道来。

鲁国有一个人叫“叔山无趾”，他因为某些原因被切断了脚趾。于是，他用脚后跟行走去见孔子。

孔子说：“以前，你不谨慎、没智慧，所以犯了罪，最后被人剁了脚趾，成了残废。现在，你来见我，已经来不及挽救了。”

无趾说：“在以前，我只因为不了解人世间的险恶，不了解游戏规则，不懂如何保重自己的身体，所以触犯了刑法，成为断了脚趾的残疾人。现在到你这里来，我还保存着比脚趾更尊贵的东西，我极力地保护它。天地对于万物是无所不包容的，我以为您哪，伟大的孔子啊，就像天地一样广大，谁知道也不过如此。现在，你要来对我进行指教，我实在不知道该如何是好。”

孔子听完之后，当然很惭愧了，就说：“我实在浅陋得很。先生您为何不进来坐一坐，对我进行一番指教呢？”然而，无趾不进来，走了。

孔子对学生说：“同学们，我们要努力呀！断了脚趾的人还要求学，还要补救以前的过错，何况你们这些未曾犯罪、身体健全的人呢。”

读到这一段的时候，我隐隐觉得，这是庄子写的一篇反面教材。孔子表面上是在说：“哎呀，我们要反省啊。”但其实在说：“像同学们这样身体健全的人，一定要注意学习呀。”你看，叔山无趾后来去跟老子说：“孔子对于至人的德还没有完备吧，他还在那儿追求做老师的存在感，总是去教授学生，希望用他的名声来传闻天下。他不知道至人把名声当作自己的束缚吗？他为什么要在学生面前刷存在感呢？”

冯学成老师在研究这段的时候，他说:“孔子说的这番话，再次表现出他的层次不高。他把无趾的务学，看成了‘复补前行之恶’，这表明孔夫子仍然没有超出对‘全德之人’和‘兀者’的分别心。”

事实上，你我都是脑残

老聃曰："胡不直使彼以死生为一条，以可不可为一贯者，解其桎梏，其可乎？"

这句话意思是：你为什么不用生死贯通、是非其一的理论，解开他的内在束缚呢？

叔山无趾说："这种束缚，是天施于他的刑罚，哪里可以解去呢？"

此话怎讲？**身体上的残疾，我们很容易看见，但是，内在心灵的残疾，大部分人是看不见的**（身全是身体上的全貌，德全是意识雷达三百六十度无死角）。

“脑残”这个词你知道吗？许多人口口声声说自己是脑残粉，其实，那是一种不认为自己是脑残的人说出来的谦辞。事实上，你我都是脑残。

何为“脑残”？指的是看不见“死生为一条”“可不可为一”，就是说看不见其实死和生是连贯在一条线上的，可以和不可以、是或者不是，都是同一件事的人。

当理解这一切之后，我们才能真正意识到，原来那才是真正的全，是德充之态、德全之形。**如果我们总是陷入对事物片面的看法，我们的意识雷达只看到一半，就好比我们的身体只保留一半，这都是脑残、心智不全的表现。事实上，我们很容易落入这样的脑残境况。**

你怎么知道死不过是睡一场觉，醒来又是一场新的旅程呢

最近，区块链技术非常流行。其中，最直指人心、震撼普通老百姓的就是比特币。有一段时间，不到两千美金的比特币，折合人民币一万三千元左右。在短时间内，已经涨到了两万人民币。

有一天，我和朋友们聚在一起，其中一位说："区块链技术是去中心化的过程，让所有财富真正回到每个人那里。对于管控者——央行来说，这是一个权力放开的过程。"除了我以外，其他朋友都是区块链的大家，他们对技术进行推演之后，最后得出一个结论——在极

度去中心化的过程里面，最高领导者更加了解每一个人的每一分钱的收支情况了。

在一个公司里面，领导也就直接管七八个人。最上面的人和最下面的人之间的信息交流非常不透明，下面的人不知道老板到底在想什么，老板也不知道下面的人，乃至消费者到底需要什么。但是，随着分布式记账管理技术流行起来，老板与普通员工之间的沟通、老板对消费者的了解会更加透明、高效。

区块链技术体现在金融货币里面可能是比特币，也可以体现在积分上、体现在信用管理上、体现在供应链管理上等许许多多的应用场景。如果有兴趣的话，大家可以到百度、知乎、知道等网页上面去了解一下。

但是，区块链技术在让金融的权力被分解到每一个人身上的同时，也被最高统治者——掌握技术最终端的人，比如央行所控制。很多人都说区块链技术就是反央行的。其实，不是这样的。大家想一下，只要央行想管，它总有办法把不受控制的区块链技术，以某种方式定义为“非法”，然后通过能够掌握的技术、平台、交易场所、交易场景，甚至对每一个人的说服等管理方式，把它统合起来。

这个话题是开放性的，小梁未必是真正的专家，不一定讲得透彻。

当时，经过我认为当今中国比较专业的区块链专家讨论之后，大家都同意如下观点：

在权力极度分散的同时，又是一个权力极度集中的过程。这就是老子所讲的“可不可为一”，是和不是同时存在，对和不对同样一体，死和生也是如此，你怎么知道现在自己不是在梦里呢？

宗萨蒋扬钦哲仁波切说：“你怎么知道我们的死，不过是睡一场觉？醒来之后，它不会给我们带来一个新的旅程呢？”

那天，跟老吴（吴伯凡）讲了一个故事：两口子吵架吵得昏天黑地，结果离了婚，后来两个人都被删除了记忆。然后，他们又重新认识，还是热恋，然后又重新陷入吵架的状态。他们觉得这是一次新的痛苦。其实，我们总是一遍又一遍地落入反复当中，你怎么知道，这次和这个聪明男人的死死纠缠，不是一遍又一遍轮回的演绎？

如果我们不能够理解这些，就是某种程度上的脑残，就是叔山无趾跟孔子说的，自己想保留的那个东西——比脚趾被切掉更重要的“全”。

所以，我现在看见叫“张全”“李全”“王全”“张大全”“李大全”“陈大全”的人，都对他们心生敬意。多么有文化的父母才能够知道“全”这个字啊。

《阴符经》里面讲“宇宙在乎手，万化生乎身”。其实，所有东西都是本自具足的，都是连贯为一体的。

孩子作业做不好、学习能力差，是你自己学习能力差的遗传基因；老婆不温柔，是你自己不解风情的投射；老公不解风情，是你本身只懂解题的结果……因为我们都是一件事物的一体两面。

如果意识到所有对立的东西都是一体的，“见所相，以及非相”，就是见到“相”的同时还见到“非相”，我们就“即见如来”。

庄子用叔山无趾与孔子和老子的对话，呈现出关于身全与德全的关系，身全是身体上的全貌，德全是意识雷达三百六十度无死角，将对与不对、你与我、过去与未来，所有这些话题融会贯通、视为一体的意识。一旦有了这个意识，就叫“德全”；有分别之心，就叫“脑残”。

你会不会觉得，叔山无趾就是庄子，庄子就是叔山无趾呢？我隐隐地觉得，庄子可能是一个有六根脚趾，或少了一块骨头的人，否则，他怎么会在内篇这样经典的篇目里面，专门拿出一篇来讲残疾人的故事呢？

冯学成老师说：“‘非爱其形’，并不是爱这个形体。这个形体的主人是谁？就是我们的精神。你没精神怎么行？没有精神，这个人就像植物人，躺在那里接受机械的治疗，只不过心还在跳，还有呼吸，但其他一切失去了，基本上也就失去了做人的意义。”

身体的残疾、脑的残疾和意识雷达的不全，真的不在一个层面上。

让我们端坐下来，想想令自己痛苦的地方吧。所有让你感到痛苦的地方，都是你的慈悲、智慧和意识，是被阴影覆盖的地方，而被阴影覆盖的地方，叫“无明”。

《心经》说：“无无明，亦无无明尽，乃至无老死，亦无老死尽。无苦集灭道，无智亦无得，以无所得故。”

德充符

第一，这个世界上重要的事情并不多；
第二，重要的事情要反复说。

第七章

一件重要的事，只要自己相信就好了

哀公曰：『何谓才全？』

仲尼曰：『死生、存亡、穷达、贫富、贤与不肖、毁誉、饥渴、寒暑，是事之变，命之行也。日夜相代乎前，而知不能规乎其始者也。故不足以滑和，不可入于灵府。使之和豫通而不失于兑。使日夜无隙而与物为春，是接而生时于心者也。是之谓才全。』

『何谓德不形？』

曰：『平者，水停之盛也。其可以为法也，内保之而外不荡也。德者，成和之修也。德不形者，物不能离也。』

哀公异日以告闵子曰：『始也吾以南面而君天下，执民之纪而忧其死，吾自以为至通矣。今吾闻至人之言，恐吾无其实，轻用吾身而亡吾国。吾与孔丘，非君臣也，德友而已矣！』

原典

鲁哀公问于仲尼曰：『卫有恶人焉，曰哀骀它。丈夫与之处者，思而不能去也；妇人见之，请于父母曰：「与为人妻，宁为夫子妾」者，十数而未止也。未尝有闻其唱者也，常和人而已矣。无君人之位以济乎人之死，无聚禄以望人之腹，又以恶骇天下，和而不唱，知不出乎四域，且而雌雄合乎前，是必有异乎人者也。寡人召而观之，果以恶骇天下。与寡人处，不至以月数，而寡人有意乎其为人也；不至乎期年，而寡人信之。国无宰，寡人传国焉。闷然而后应，氾而若辞。寡人丑乎，卒授之国。无几何也，去寡人而行。寡人恤焉若有亡也，若无与乐是国也。是何人者也！』

仲尼曰：『丘也尝使于楚矣，适见㹠子食于其死母者。少焉眴若，皆弃之而走。不见己焉尔，不得其类焉尔。所爱其母者，非爱其形也，爱使其形者也。战而死者，其人之葬也不以翣资；刖者之屦，无为爱之。皆无其本矣。为天子之诸御：不爪翦，不穿耳；取妻者止于外，不得复使。形全犹足以为尔，而况全德之人乎！今哀骀它未言而信，无功而亲，使人授己国，唯恐其不受也，是必才全而德不形者也。』

庄子到底对身残德全的事有多么痛的领悟

《德充符》真的是一篇很奇怪的文章。我常常在想，庄子为什么要将差不多的故事反复讲？换个主人公、换个名字又讲了一遍，他对身残德全这件事是有多么痛的领悟啊。不过，下面这个故事，的确让人心生向往。

鲁哀公问于仲尼曰："卫有恶人焉，曰哀骀它。丈夫与之处者，思而不能去也；妇人见之，请于父母曰'与为人妻，宁为夫子妾'者，十数而未止也。"

说的是鲁哀公跟孔子聊天时说："卫国有个面貌十

分丑陋的人，名字叫‘哀骀它’。男人和他相处，常因想念他而舍不得离去；女人见到他，便向父母提出请求：‘与其做别人的妻子（也就是原配、大老婆），不如做哀骀它先生的妾。’这样的女人已不止十几个。”（啧啧啧啧啧啧啧啧，这是什么样的人哪？）

有些时候，伟大的文学作品，会让人产生一种错觉，就是让读者觉得自己和主人公有关联，让你产生一种代入感。

“未尝有闻其唱者也，常和人而已矣”，这句话就是说，不曾听到哀骀它主张过什么，他只是常常附和别人而已。

鲁哀公接着向孔子介绍哀骀它：他没有君主的权位去救济百姓的灾难，也没有敛聚钱财让别人吃饱肚子，他长相丑陋得让大家都认为惊世骇俗。他总是附和别人，而从不主张什么，他的认识也超不出人世间，然而男男女女却都乐于亲近他。

“这样的人必定有不同于常人之处，所以我就请他来，果然这个人相貌不是一般的丑。但相处不到一个月，我就对他产生了倾慕之情；相处不到一年，我就对他十分信任。这个时候，国家正好没有宰相，我就想把国政交给他。他无心应答，漠然得好像在推辞。我深感羞愧，最终把国家的事儿交给了他，没多久，他就离开我走掉了。我很郁闷，仿佛丢失了什么似的，整个国家也没有谁可以跟我共欢乐，你说他究竟是个什么样的人呢？”

读到这一段，你可以想一想孔子的心情。孔子到处与别人分享他的政治主张，希望能够发挥自己的能量、施展自己的政治抱负。结果，一个老板对他说：“我认识一个人，他啥都不干，我却特喜欢他，你怎么看？”

你可以理解这种心情吗？

但是，孔子也非一般人哪。他相当淡定，而且应该已经超然物外。

孔子说：“我到楚国去，看见有一群小猪在吮吸刚刚死去的母猪的乳汁，不一会儿就惶恐地跑掉了。因为母猪躺在那儿不动了，不像是活着的样子。这些小猪，在母猪有生命的时候，依附于它；生命消失，就立刻跑开。可见小猪爱母亲，不是爱母亲的形体——因为死去母猪的奶汁还在，而是爱那个支配形体的精神，也就是背后的神。”这个故事相当美妙。

我常常和大家分享，一个人坐在那里，不看手机、不玩指甲、不吧唧嘴，但他没有走神，也没有发呆——一个人有没有发呆是可以被感觉出来的，发呆就是神不在焉，就是不自在，就是自己不在那儿。如果一个人什么都不干，还自在，那自然就会产生喜舍的感觉。“自在喜舍”，是我最近几年最喜欢的名字，因为这四个字代表了小梁这几年读《庄子》的体会。

德行的完整比身体的完整重要得多

孔子继续举例子：“**战场上战败而死的人被掩埋时，用不着棺饰；被砍掉脚的人，不会爱惜他原来穿过的鞋子。这都是因为没有意义了。**”

脚都没有了，要鞋有何用？这就是因为失去了根本。

他又举了一个例子：“做天子嫔妃的人，不剪指甲、不穿耳洞；娶妻之人，只能够留在宫外，不能再到宫中服役。为了保全形体的完整尚且能够做到这一点，何况德性完美的人呢？”

这段话的意思是，一个人会非常重视自己形体的完整性，已经嫁到宫里去的人，连指甲也不剪、耳洞也不穿，就是要保持完整的身体，就是在强调这事儿有多么重要。

孔子接着说："现在，像哀骀它这样的人，不靠言语就能取得别人的信任，没有功绩就能赢得别人的敬爱，让人乐意把国家的管理权都交给他，他还不太接受，这个人一定是内在的精神完美，而外在的身体不完整。"

鲁哀公问孔子："什么叫'才全'？"

孔子说："死生、存亡、穷达、贫富、贤与不肖、毁誉、饥渴、寒暑，这些都是事物变化的幻相，是天命的运行。就像一个软件在运行的过程中，自然会产生不同的表达形象。但是，这些都只不过是系统在运行中瞬时的现象，并不是这个系统本身。这些幻化，整天在人们面前交替出现，而人的智力如果不能够充满三百六十度无死角的全方位意识雷达的话，就不能够了解这个系统本身。因此，安命认变，就不会扰乱本性的和悦，也不会侵扰人们的心灵。这个东西，叫‘才全’。”

鲁哀公又问：“什么叫‘德不形’？”

孔子说：“水平，是水最平静时的状态。我们把那种水平面作为基准，内心恬静而不为外物所动的时候，就叫‘德’。这就是令事物能够和合的最高修养，德不显露，便与万物融为一体，不能分离了。”

有一天，鲁哀公把这番话跟闵子说了：“刚开始的时候，我在朝廷上管理天下，忧虑人民的死活，以为自己已经尽善尽美了。如今我听到了至人的言论，担忧我没有治国理政的实际德行，只是轻率地行动，便会令国家产生危亡。我和孔子之间已不是君臣关系，而是以德相交的朋友了。”

随喜的力量

在庄子的笔下，孔子真的很有趣。我都不知道这是庄子写的孔子，还是他弟子写的孔子，一会儿写孔子是明大道、全然温厚的人，一会儿又写孔子是想要为人师表、需要刷存在感的人。这可能就是庄子的风格吧，反正他只是借用了一个名字而已，里面所写的故事，都是他自己想表达的东西。

长相丑陋的哀骀它是一个虚拟的人，庄子在讲他的美德时，从表面上看他有一个很重要的能力——没什么自己的观点，常附和别人。

一个人为什么可以做到这一点呢？尤其对于那些已经明白了各种事情，并且知道别人就是一个傻×、没什么头脑的人时，他还能够附和呢？

这件事情很有意思，我觉得背后只有一个原因，就**是庄子已经全然明白人性的弱点，并且他也知道无论你说什么，都对世界没什么影响，他就随喜一下而已——普贤菩萨的十大愿望里面有一句话叫“随喜功德”。**

让我们大家来做个行为艺术吧。做妻子的，拿出一百天时间，无论老公说什么，都说“你说得对，真棒”；做母亲的，拿出一百天时间，甭管儿女怎么说，都说“嗯嗯，好”。然后，你只需要看着他们，让他们自己去试错，让他们自己去发现，让他们自己走回来。

让别人感觉不到伟大妻子或母亲的存在，这是成为伟大妻子或母亲的唯一原因。当然，做伟大的父亲亦复如是。因为世界上没有笨蛋。

有一天，我们公司 team building（团队活动）时，我就让大家必须做一个游戏，说说同事有什么优点。然后，大家就把同事平时做了什么，对自己的帮助是什么，全部讲出来。其中一个被大家都表扬的同事，后来含着热泪告诉我："梁老师，原来我平常为大家做的事情，大家都知道。"

我说："这就对了。**群众的眼睛是雪亮的，不要以为你表达自己做了什么，大家就认为你真做了什么；也不要以为你没有表达，大家就没有看到。一切都会自然而然地显现，你要相信。**"

长得这么丑的哀骀它，就是真正理解了这一点。**不对抗，而且毫无嗔心。**我也在之前多次与大家分享过类似的观点。

为什么庄子总要反复地讲这句话呢？**因为经典，总是将某些东西反复地讲。**

你看，《金刚经》里面也是这样，一直在讲什么是空相、什么都是无、什么都是相对的。

我相信，庄子也好，《金刚经》的记录者也好，甚至包括佛陀当时原述这些观点也好，他们都明白这些道理：**第一，这个世界上重要的事情并不多；第二，重要的事情要反复说。**

所以，对于父母总在我们耳边“嘚啵嘚啵”讲的事情，你一定要相信。

我爸总是跟我说，一件重要的事情只要自己相信了，就好了。他还说，慢点儿，别急。

看来我真得听我爸的。

一方面，你没有那么重要，远没有你想象的那么重要；
另一方面，你非常重要；
只有你才可以保持自己不那么重要的心态。

第八章

当大部分人注定没什么用的时候，我们还能有什么用

原典

惠子谓庄子曰：『人故无情乎？』

庄子曰：『然。』

惠子曰：『人而无情，何以谓之人？』

庄子曰：『道与之貌，天与之形，恶得不谓之人？』

惠子曰：『既谓之人，恶得无情？』

庄子曰：『是非吾所谓情也。吾所谓无情者，言人之不以好恶内伤其身，常因自然而不益生也。』

惠子曰：『不益生，何以有其身？』

庄子曰：『道与之貌，天与之形，无以好恶内伤其身。今子外乎子之神，劳乎子之精，倚树而吟，据槁梧而瞑。天选子之形，子以坚白鸣。』

不以美丑为意的人反而魅力无穷

在《德充符》里面，庄子列举出许多忘记自己形象、忘记自己情绪的人。**他们忘掉自己的形象，不以美丑为意；忘记自己的情绪，不以好恶为意，反而产生了一种奇怪的魅力。**

所以，在《德充符》的后面，庄子讲了一段特别有意思的话："圣人不谋，恶用知？不斫，恶用胶？无丧，恶用德？不货，恶用商？"原来，no zuo no die（中式英语，不作死就不会死）中的"zuo"，不是我们平常写的"作"，应该写成"斫（zhuó）"。

那一些人类行为艺术家，在古代被称为圣人的人，他们能够做到这四点：

第一，他们无所图谋，所以用不着智巧；

第二，他们不求分离（割裂万物），所以不需要胶漆；

第三，他们没有可失去的，所以不需要去获取；

第四，他们不追求牟利，所以用不着经商赚钱。

吃饱穿暖以后，人该干什么呢

《未来简史》的作者提出了一个有意思的观点，就是再过一二十年，最多三十年，这个地球上将会出现一个阶层，叫作“无用阶层”。

从理论上说，以现在的物质产能来看的话，如果分配得当，大家都能够吃饱、穿暖、有地方住，一小部分人生产的产品，就足以应付大家的需求——因为一个人对物资和能量的消耗总是差不多。

那么，大部分人该做什么呢？其实，大部分人都没什么用。我们以前也讨论过，**没有用以后，人该干什么**

呢？那个时候，人就开始去思考真正重要的事情，或者干脆就不思考了。也许，大部分人会成为游戏玩家，玩各种游戏。

然后，作者列举了很多神职人员，他们不工作，也不太消费，或消费得不多，每天做一些他们自己认为很有意义的事情，比如祈祷、按照教条生活，等等。如果符合自己的标准了，就获得积分；不符合，就减少积分。当积分达到一定程度的话，他们就可以通关，也就是获得某种福利。不管在哪个教派里面，无论有着什么样的许诺，总之，按照这一套行为规则做就可以了。

以前，我觉得这种人是在做什么呢？他们为什么这样生存？这样生活有意思吗？后来，我发现，这样生活真的很有意思。

比如，我观察到我们家领导——我老婆，她既不用工作，也不需要生产劳动，甚至不想着怎么挣钱，每天只需要做功课。有一天，她跟我吵架吵到一半，说："不跟你说了，今天功课还没做完呢。"接着就开始念各种经文。

我觉得这样特别好，因为她修得脸都慈祥了很多。有时候看看她，我会觉得这还真是有返老还童之功。而且有个最典型的好处就是，她睡眠质量特别好，经常儿子还没睡着，她都已经睡着了。

我一定要说，我们家领导，总是做出很英明的决策，关键是她用自己修“积分”的方法，福泽全家。其实，表面看似没有用的人，却有很大的“用”。

不想得到，也不怕失去

以前，只有一小部分人在从事游戏行业，他们有自己的积分系统和升级体系。以后，会有越来越多的人作出往这方面的努力。一方面是因为税那么高，你也赚不到多少钱，另一方面是因为国家总是要养着你的，即使你不努力，也不至于饿死。

你想放弃点儿什么吧，也没什么好放弃的，反正都不是你的；你想获得点儿什么吧，也得不到，反正最终都要和它们说"拜拜"。

在不远的将来，当社会进步到一定程度时，相当一部分朋友，以及我们的子女，都会成为庄子提到的圣人，他们不想得到、不怕失去、不想赚钱、不用努力、不需要刷存在感……什么都不需要，这就叫“无用之人”。

技术多么伟大呀！它促使人类大规模地成为圣人——既没有用也没有害的人，沉浸在自己的游戏体系里面。不管这个游戏是 VR 的、梦境的，还是处于某种体系内的，你觉得这样的生活有意思吗？我认为这样的生活有意思。

现在，我几乎都快要成为这样的人了。因为我目睹我们家领导的生存状态之后，我心生羡慕。她既不需要去想股票涨不涨、跌不跌，也不需要去关心台海局势、货币、人民币汇率、人工智能，等等。她只需要活在自己完美的体系中，有自己的老师，也有自己的功课。反正，就是攒积分，等积分攒够了，乘愿再来。

起初，我不以为然；现在，我内心充满对她的羡慕。原来，一个人真的不需要什么——戒指，把二十年前的碎钻戴上也挺好看；衣服，到尼泊尔去，花几十块钱扯上好几十米布，随便打个转儿就变成了裙子，还会被当成波西米亚风格。

她完全不需要像我一样焦虑，整天思考需不需要重新学习三角函数 sine(sin)、cosine(cos)，也不用担心如果有一天儿子问问题，我们答不出来该怎么办。

自在的人，睡得好、吃得好、长不胖，不需要担心增肥，也不需要担心减肥。大家是不是已经看出我隐隐的羡慕呢？起初，我只是在调侃，但是，认真想一下，这难道不是我追求的生活吗？

多余的钱，总是要用来做多余的事

我目睹了身边很多人，他们真的也不是很努力。关键是，他们没有要求多么高的物质生活。多余的钱，总是要用来做多余的事。

说到此处，跟大家分享一个真实的故事。

我以前是做电视传媒的，所以认识很多电视台的朋友。现在，电视台恶性竞争非常厉害，需要花很多钱，去做大型活动、大型直播、大型真人秀节目；明明一个主持人就能说完的话，非要四个主持人站在那儿你一言我一语不可；为了显得布景宏大，还要弄一些航拍机器，租非常大的库房来做演播室；为了显得有很大的阵仗，还跑到大学里面，拖来面容姣好的大学生做观众，怕他们不高兴，要专门找一名副导演，挖空心思地在中场休息的时候给他们讲段子；把长得漂亮的同学的面部特写拍下来，甚至让他们刻意做出悲伤、激动等表情，当然，电视台要多给这些被拍特写的同学一些劳务费。

虽然把舞台弄得很大，做很复杂的事情，但是收视率还是变得越来越差，差到可以忽略不计，甚至几乎为零，因为人们都已经不开电视了，不是吗？你上一次开电视，是什么时候？我连家里电视机的遥控器都找不到了。

多余的钱只能做多余的事，多余的人只能带来多余的烦恼，多余的欲望只能产生多余的愤恨。

能追求到“不会不快乐”，就已然很了不起

在《德充符》的结尾，有一段庄子和惠子的对话。

惠子问庄子：“人本来就没有情吗？”庄子说：“是啊。”惠子说：“人若没有情，怎么能够称为人呢？”庄子说：“大道赋予人容貌，天赋予人形体，怎么不能称为人？”惠子说：“既然已经称为人了，怎么能够没有情呢？”

这时，庄子说了一句很高级的话：**“我说的无情，是指人不会因为好恶，而损害自身的本性。随顺自然，而**

不随意增加或者减少什么。”

惠子就问:“不添加什么，怎么来保护自己的形体？”

庄子说:“**大道赋予人容貌，天赋予人形体，不要因为外在的好恶而损耗自己的本性。如今你外露心神、耗费精力，在大树底下高谈阔论、精神疲惫，还被迫靠着树打瞌睡。天给了你一切，你却抱着坚白之论争鸣不休，有什么意思呢？**”

我们可以观察到，天天有人在互联网上打嘴炮：我们公司怎么样了，你们公司怎么样了，我发个公告，你发个公告，你当时怎么说的，我怎么说的……互相截屏，折腾了半天，最后又怎样呢？

唉，这些究竟有什么意义呢？

有一天，冯钟云老师来我这里喝酒。喝到高兴处，他说自己有一位朋友，这位朋友的爸爸三十岁的时候就已经被查出得了胃癌。然而，他保持恬淡虚无的心境，开心快乐、天天喝酒，一直喝到现在七八十岁。给他看过病的医生都不在了，他却还活着。他说：**“你们那些搞卫生的人，天天在外面擦酒精，还不如我自己在里面擦酒精呢。”**

听到后，我目瞪口呆，这老头活得多明白、多透彻啊！

我讲这件事的重点不在“擦酒精”，而是**不能因为别人对自己的喜恶，不能因为有了病的名字而把自己吓到，损害了内在叫“全德”的东西。**

这件事情，让我再次想到《德充符》讲的——忘形和忘情。

我的一位好朋友，晚上来“自在喜舍”喝酒。我认识他很多年了，大家一起吃饭喝酒的时候，他永远笑呵呵的，没有太多主意，也不反驳对方。但是，他永远让我们觉得，如果把钱给他，就不用担心。我们相信他、把秘密告诉他或帮助他。认真地观察他的一切后，我得出的结论就是，**他之所以一辈子不折腾、不累，主要的原因就是，他不光不在嘴上批评人，连心里**

都不曾批评别人。

看到这里，有些嗔心比较重的朋友，立刻就会说："梁冬，你这样说的话，世界还能进步吗？"

其实，**无论你有没有对抗和反驳，世界都在进步；无论你有没有批判，地球照样在转。我们每个人都一定要明白，这个世界多我们不会多，少我们不会少。**

但是，我们却把自己当作一件大事儿，如果不批评、不反对、不表达、不刷存在感、不恣意、不推演的话，自己就不是人，就像惠子说"那还是人吗"？

而庄子却说："天地赋予我们形体，为什么我们就不能是人呢？"

为什么我们一定要怀着情绪，怀着自己的价值判断，让自己一会儿高兴，一会儿不高兴，一会儿痛苦，一会儿难过呢？追求快乐很危险，能追求到"不快乐"，或者能够让自己"不会不快乐"，就已然很了不起了。

也许你会觉得我有点儿消极。但是，现在你可以闭上眼睛，想象自己已经活到八十岁了，你会怎么看待人世间的种种？今天的股票涨跌十个点，与你又何干呢？反正买了像茅台或者海天味业这样的股票，只要这个公司不倒，股价终究会涨回来的。

罗杰斯曾经说过，他炒股票那么多年，无数次割肉，最后发现股票总是涨得更高，当然有一个前提，他买的是不会破产的公司，或者比较难以破产的公司的股票。

一方面，你没有那么重要，远没有你想象的那么重要；另一方面，你非常重要，只有你才可以保持自己不那么重要的心态，这才是让自己得以“全”的最好方法。

德充符

对于已经跌到生活谷底的人，
他们已经没有任何期盼，
反而会生出自在的、
彻底绝望之后的幸福感。

第九章

做人应该像花园一样容纳百花齐放

跌到谷底会生出智慧

"梁冬说庄子"，也叫"梁冬私房笔记"。因此，我讲的内容未必是对《庄子》的全然究竟与注解。你知道，**读书本身就是借书中的话去寻找自己内心那个"我"的过程。**

现在，我们算是将《德充符》粗粗地学完了，但是，我总觉得有点儿不对，于是本章内容就是学完《德充符》后的反思。

我先提出个疑问，为什么《德充符》通篇都是残疾人逆袭成功的故事？本篇中充斥着又丑又惨的人，他们能够获得了权利却不要，拒绝男人的追随，拒绝女人的投怀送抱，还在精神上藐视圣人。本篇中的几个故事内容几乎是一样的，只是翻来覆去，给主人公换了不同的名字而已。我们一看就知道，这些人有可能不是真实存在的，因为连名字都是庄子随便起的。

为什么会这样呢？对此，我有两方面猜测。

一方面的猜测是，当一个人跌到谷底时的确有可能会生出一种智慧。

列子曾经讲过，**在生活穷困潦倒、连饭都吃不饱的乞丐的梦里，都是美好的事物，金银珠宝、声色犬马，他们在梦里面尽情地呼来喝去；而有钱人，大部分都梦见自己的钱丢了、被火烧、被别人打劫、老婆被人霸占、遭受各种不公平待遇，等等。**

列子认为，这大概就是人生的公平。

庄子在《德充符》中隐隐地带出一种绝处逢生的况味，似乎在暗示着一种东西，套用《圣经》的话就是，

上帝为你关闭了这扇窗，会为你开启另外一扇门，或者上帝为你关闭了这扇门，会给你开启另外一扇窗。

对于已经跌到生活谷底的人，他们已经没有任何期盼，反而会生出自在的、彻底绝望之后的幸福感。

很多父母对孩子的成绩有较高的要求：为什么奥数没有学好、为什么作业不能够及时完成，等等。同时，要求孩子学好英语、跆拳道达到黑带、学好围棋、出国参加夏令营……还要温文尔雅，反正孩子有一点儿不符合他们的要求，父母都很担忧。

与之相反的，一位著名的电影演员，他的孩子不幸患上小儿唐氏综合征，就是看上去有一点儿傻傻的。偶尔，他的孩子能够解出正确的答案，他就已经高兴得要命，觉得这太美好了。

人可能有两套生存系统

我经常在尼泊尔和印度的街头，看到一些乞丐或者苦行僧，他们没有太大的忧虑，抬头看着天，有吃的就吃一点儿，没吃的就饿着，我甚至感觉他们通过晒太阳就不饿了。以前，我觉得这是不大可能的事情。然而，在我遇见著名的武术家、国画大师冯钟云老师之后就不这么想了，他说自己就吃得很少，但也不饿，精力还非常充沛。

他认为，人有两套系统，一套是动物系统，要通过吃东西去获得能量；另一套系统则可以直接通过晒太阳和呼吸吐纳让血液里面的含氧量提升，就像植物的光合作用一样，获得勃勃生机。

我想，可能时间长了，那些乞丐或者苦行僧也都练出了饥一顿饱一顿、吃得很少但活得很长的能力。中国古代有很多人到山上密洞里修行，也没人管他们，可以想象得到，他们肯定吃不饱，但这并不妨碍他们活得很长。我认识好几位在终南山修行的老师傅，我感觉他们吃得也不多，但他们都目光矍铄、身体很好。

上述例子是在说，**当人真的没饭吃的时候，他就能自我激发出不吃饭却活得长的能力。**当人真的活到手脚被砍断、眼睛被戳瞎、长得很丑且早已放弃变漂亮的时候，他们就自在了。

在现实生活中，优质家庭的母亲们之所以焦虑，是因为她们抱持着对孩子将来优秀的期待，而不是绝望。这种期待本身是一件好事，但却因此导致她们活在焦虑当中。

从某种程度上来说，期待也是一种妄想。

重要的事情都是被选择的

有一次，我跟一些八九十岁的老先生、老太太聊天，看看他们怎么对待自己的孙子乃至重孙的教育问题。我发现，这些老人家从来都不在乎这些孩子的教育问题——当然也是因为本身隔着几层，不方便直接管理。但是，我感觉他们的确拥有对“人间世”绝望之后的达观。

也许经过了这么多年的努力和折腾之后，他们发现了一件特别朴素的事情：一辈子中，**重要的事情都不是自己选的，也不是自己努力的结果，仅仅是时间对、碰见的人对，然后因着机缘凑巧和自己内心的安定，没有**

折腾来折腾去就得到了。

很多在腾讯、百度、网易工作的人，真的比在其他IT公司，乃至传统行业工作的人努力很多、聪明很多吗？我觉得也不一定，只不过他们没有离开那家公司而已。当然，他们做得也不差，以至于没有被淘汰。

现在，很多中国人跑到美国、加拿大、澳大利亚、欧洲等地耀武扬威地买房子，去LV的店里面说“this this this 不要，其他的全给我包起来”。他们是真的很努力、很聪明、很有意志力吗？其实不然。只不过，他们恰好在中国，恰好在某些家庭、在某些行业取得了一定的成功而已。

所以，老先生、老太太对于儿童教育态度淡然的背后，是他们可能真的明白一件事情——**重要的事情都是被选择的。所以，只要安之若命就可以了，这就是对自己愿力的绝望、对业力的尊重。**

支离疏也好，或者哀骀它也好，他们都是全然接受自己不健全身体状态的人。当然，这只是我的一个猜

测，万一这些故事都是庄子编出来安慰自己的呢?

韩剧就是丑女的精神鸦片：自己不努力、长得不好看、家境不好，还不勤奋，却有一个方方面面都好的霸道总裁哭着喊着要娶她，把钱堆在她家门口，更甚者，这个霸道总裁还特认真、特专情。这种事情在现实生活中出现的概率太低了吧。

我的意思就是说，除了之前我的猜测——庄子通过极高的智慧洞察了人在绝望之后会产生独特的人格魅力和自在性以外，整个《德充符》都是他讲的童话故事——庄子在《德充符》里，塑造了一个又一个现实社会中的不堪者，并赋予他们精神的能量：国王请他们当宰相，他们不去；女人自己送上门来，他们不要；男人追随他们，他们也不允许。就连当时已经是超级大V、万众青年创业领袖的孔子，也觉得他们了不起。

“尽信书不如无书”

当把自己抽离出来，不完全顺着庄子所讲的内容，而是站在更外维的角度，去看待这些故事的时候，我隐隐地升起一点点怀疑，可能这就是我天资鲁钝，无法成为庄子、成为圣人的原因吧。

我暗暗地在内心里闪过一个黑暗而幽幽的念头，说不定《德充符》就是庄子给自己编的童话故事呢？

我曾经看到野史上说，诸葛亮在当时三足鼎立的局势下并没有那么聪明能干，否则为什么蜀国早早就被灭掉了？为什么有那么能干的关羽、张飞、赵云和贤明君主刘备的蜀国，却迅速地被灭掉了呢？

对比《三国志》和《三国演义》，你会发现一件很有意思的事情——《三国演义》的作者罗贯中，以前就是在军队里郁郁不得志的账房先生和幕僚。他在写这本书的时候，可能在某种程度上，把自己对于理想化的、不用真正上战场打仗杀人、轻松地摇着羽毛扇的形象，神化成了诸葛亮这样的人物。

我大学宿舍的一个舍友，称不上班里面学习成绩好的学生，然而他坚持奋斗在电视和电影行业，后来拍了一部电影，把自己塑造成英雄，把我和董嘉耀塑造成“狗熊”。当看到这部影片的时候，我们深深地表示，能够为同学抚慰受伤多年的心灵付出一点儿自己薄薄的名声，十分欣慰。

那么，**文学作品，会不会在背后隐藏着作者的某种小心思？或者是作者在现实生活中无法实现，转而让自己在平行空间获得满足的欲望呢？**

我自己也写过一些书，常常在书里把自己塑造为好父亲、受“虐待”的好老公、不容易的中年男子。但是，我也不是故意的，有些时候就是自己内心的投射——在现实生活中没有得到的满足。

我认识太多写书的人了，我觉得，他们中的大部分人，在书里把自己幻想成那种想成为却没有成为的人。

如果有人认为我以上的猜想是大逆不道、大不敬的话，我希望获得原谅，因为我只是跟读者分享一下我的态度。

读书的时候，即使读进去了，有些时候也要把书掩上，从另外一个角度来看这件事情，把自己抽离出来，因为“尽信书不如无书”。

对你而言，小梁讲得对或者不对并不重要，重要的是你能不能够跳离出《梁冬说庄子》，冷冷地、暖暖地、热热地、缓缓地滑入自己的梦乡。

中国文化到底是什么呢

有一天，我细细地想了想所接触过的中国文化的种种门类。我觉得，看《梁冬说庄子》的朋友都很善良、美好，很宽容，也很信任我，正是在这样的情况下，我要把自己读《庄子》以及其他古书的感受跟大家分享一下，以实现全面的平衡。

冯学成老师曾经说过："传统文化，实际上就是一种感觉，一种习惯，就是我们身心修养的一种东西，是精神层面上的。我们要使自己的身心在传统文化中得养。"

现在中国文化的复兴成为主流，举国上下都认为中国文化要复兴，要走向全世界。但其实，中国文化到底是什么呢？这个问题真的很难用一句话来讲清楚。

一直以来，儒家好像是中国文化的主流，大部分朝代都是以儒家的思想作为主要的教化基础。其实，儒家也并非仅仅是四书五经，它可以被分成若干支门派（前提是把儒学本身看作是一个开放的体系），其中，儒家代表人物荀子就培养出了李斯和法家思想之集大成者韩非子。

可能很多人都认为《易经》是道家的经典。其实，《易经》是儒家的群经之首，是整个中国文化中很重要的源头。不过，“易”，还被分成《连山》《归藏》《周易》，甚至我还听一个朋友讲，他们家传下来的不是八卦图，而是九卦图——一般人看到都是八八六十四卦，他们家里传的却是九九八十一卦。

虽然都是儒家的代表人物，但孔子和孟子的思想以及为人处世，并不完全相同。对我来说，孔子和孟子有不同的形象。孔子温润真诚，孟子义薄云天，一身浩然正气。

老子和庄子也不完全一样，老子似乎更偏向于站在宇宙和统治阶级的立场看问题，这和他的家族背景有关，因为在他的家族里，有着几十代“国家图书馆馆长”，他们知道的都是皇家的最高机密；而庄子则更“平民视角”一些。虽然，老子和庄子讲的很多道理都可以相互印证，但又不完全一样。

从《汉书·艺文志》的记载来看，佛学思想在汉代以前就已经传入中国。它传进来的方法也有很多路径，一些是从阿富汗传到新疆，一些是直接传到西藏，还有一些是从中国西南部传进来的。佛教对中国主要的影响，就是在历史上建立了一个政教合一、比北宋生存时间更长的国家——大理国。读过《天龙八部》的人都知道，当时的大理国被管理得井井有条。只不过，我们通常都以唐宋元明清这样的历史系统传承下来，忽略了大理国在整个中华民族进程当中的重要历史作用。

值得注意的是，佛家在汉传的过程当中，又与老庄的思想结合，于是我们常常在禅宗的公案里面，看到佛家和庄子思想的有趣对话。冯学成老先生的《禅说庄子》，就精妙地解读出了老庄与佛学、禅宗之间相生相长的关系。

但是，以上这些还不是中国文化的全部，因为还有韩非子的法家，他们对人性恶有着深刻的洞察，教人如何利用人性的恶进行强有力的管理。虽然，法家没有被大众深刻理解，但是它对帝王的影响非常深远。

在中国文化中，《孙子兵法》里体现的谋略观，以及鬼谷子的外交策略，也不容忽视。

传说，苏秦和张仪都是鬼谷子的学生，他们的思想奠定了战国的格局，保持了各诸侯国之间的平衡。苏秦主张合纵，张仪主张连横；苏秦团结大部分国家来一致抵抗秦国，张仪帮助秦国瓦解其他国家。然而，这两个人的学术思想都深深地受到鬼谷子的影响。无论如何，我们今天翻看鬼谷子的书，仍然能够在其中看到很多早期传播学、心理学的端倪。

墨家对科学主义、逻辑以及组织管理方面，都有非常有效的落地措施。墨子在世的时候，就已经相当有影响力了。那个时候，墨子是真正的“联合国维和部队”。一个国家要攻打另一个国家的时候，墨子就会派他的门生去协助弱国防止战争。墨家还发明了很多种攻防的武器，以及打仗用的各种高科技手段。

在太安私塾里面，我们还曾经花过很多时间去讨论，如果墨家后来没有成为中国的“隐流”，而是“显流”的话，它的科技性和对逻辑的尊重，会不会发展出中国的科学系统；它对于组织行为学的管理，能否发展出后来更有效的管理学门类。

如果我没有记错的话，康有为、梁启超以及胡适等人，都曾经花费很大的精力去研究，如果墨子成为中国精神主轴的话，中国会不会提前一千年进入工业文明时代。

有一个量子通信卫星被命名为“墨子号”，就是因为科学家认为墨子代表了中国最早的科学主义精神。墨子对小孔成像，以及其他物理学原理的探讨已经达到非常深入的地步，对于从研究到做出成品，有着非常多的阐述，也就是说，他有着强大的产品研发能力。

中国传统文化中，有哪些被我们忽略了

在中国历史上，还有很多被我们忽略的传统文化。

比如，诗词歌赋。有四言诗——曹操就喜欢写四言诗，有汉朝的赋，还有留传下来的五言七言诗以及词，这些又是如何浸润了中国人的心灵？

“经史子集”是中国古籍按内容区分的四大部类。经部，收录儒家的经典；史部，收录中国古人用生命谱写的史书；子部，收录儒家以外的诸子百家的著作，以及下棋、赏花、玩鸟等相关类书；集部，收录词曲牌名、文学艺术作品等。所以，经史子集基本上贯穿了整个中国文化的框架。

武术，也是在中国历史上影响深远的文化门类。不过现在，武术的问题饱受质疑，很多“吃瓜群众”在讨论，到底中国还有没有所谓的武林？

站在宏观层面来看的话，你就会发现《庄子》只代表了中国文化的一部分。我们不能仅仅因为学习《庄子》，就把《庄子》当作一切都是对的那部分——哪怕庄子常常告诉我们，对就是不对，不对就是对，好坏总是相生，等等。

我发现，学习《庄子》很容易让人陷入某种消极当中，尽管《庄子》的消极，是对人生真正洞察之后的消极。但是，精神上的营养均衡是非常重要的。

现在，小梁就可以跳出《庄子》，给大家做一次精神上营养均衡的建议。

受历史原因影响，我年轻的时候没有读过什么书。后来因为懒，我也没有深入读太多的书。但是，我隐隐地感觉，当今的中国文化教育，必须要百花齐放。只有各种思想都能够呈现出来，才是真正全然的中国文化。

我认为，中国文化要与世界文化对接，就要把墨子的精神创新挖掘出来。兼爱非攻的思想与世界和平主义、节用与世界的环保主义、科学技术和工具理性与世界科学主义的主流精神，将这些思想对接起来，就是继承传统文化的最好方式。

只学国学中的一种，会把人学傻

如果不了解中国文化的多样性，只学习其中任何一种国学，都会把人学傻。

曾经有人粗粗地将中国文化分了一下类。他认为，除去佛学这种相对外来，但已然成为中国文化内核的思想以外，**中国的思想有三块主要奠基石，分别是老子的“真理”、孔子的“真诚”和墨子的“真实”。如果没有对真理的了解，没有对真实的把握，而只有真诚的话，很容易让人落入虚伪。**同样地，如果没有儒家的真诚，没有墨家的真实，只有道家的真理的话，可能会让我们变成另外一种精神营养不良患者。

当今的儿童国学教育也是这样。如果仅仅把孩子送到国学学校里面，很有可能让孩子将来成长为容易焦虑、屡屡碰壁的可怜人——当然，这只是小梁在过去几年接触国学教育后，得出的小小心得，恳请大家指教。

中国文化，还有一种特别有意思的现象，就是一直存在所谓的庙堂和江湖之气。儒家的东西，在庙堂上是这样讲的，在江湖或民间却是那样表述的。道家也是如此。几乎所有艺术、文学，甚至包括中医在内的中国文化形式，都存在着所谓官方版本和民间版本。

因此，很多朋友在接触中国文化之后，被其多样性和庞杂性弄晕了。不过我认为，这恰恰是中华文化得以延绵下来的主要原因。即使在某些阶段被认为是糟粕的东西，也有其历史上的积极意义，因为它们也是文化生态的一部分。“孤阴则不生，孤阳则不长”，如果只存在被官方大力推广坚持的东西，那么它也不可能长久。

一言以蔽之，我们学习中国文化，就必须深刻地理解和体会，中国文化及其多维度的多样性，接受那种既综合又面目全非的状态，而这恰好是小梁感觉到的中国文化的精髓。一锅老汤里熬着各种菌群，比例合适、搭配得当，总能够抵御各种文化入侵，即使不抵御，也能把世界的优秀文化都转化为它的一部分，再次增强其免疫力。

一个小小的故事、一个小小的情景，都在不断地提醒我，作为学习中国传统文化的初学者，我必须随时保持对世界优秀文化的开放性的认知。

青花瓷——被很多人认为是最具中国符号的东西，但它其实是中国传统文化与波斯蒙古文化相互融合的产物。这种况味、符号性的事件，特别深切地说明了，中国文化只有不断把世界上最优秀的文化都转换融合成自身文化的一部分，才能够延绵不绝、长生久视。

其实，文化是这样，我们做人也是这样。

《庄子·内篇·德充符》

鲁有兀（wù）者王骀（tái），从之游者与仲尼相若。

常季问于仲尼曰："王骀，兀者也，从之游者与夫子中分鲁。立不教，坐不议。虚而往，实而归。固有不言之教，无形而心成者邪？是何人也？"

仲尼曰："夫子，圣人也，丘也直后而未往耳！丘将以为师，而况不若丘者乎！奚假鲁国，丘将引天下而与从之。"

常季曰："彼兀者也，而王先生，其与庸亦远矣。若然者，其用心也，独若之何？"

仲尼曰："死生亦大矣，而不得与之变；虽天地覆坠，亦将不与之遗；审乎无假而不与物迁，命物之化而守其宗也。”

常季曰:“何谓也?”

仲尼曰:“自其异者视之，肝胆楚越也;自其同者视之，万物皆一也。夫若然者，且不知耳目之所宜，而游心乎德之和。物视其所一而不见其所丧，视丧其足犹遗土也。”

常季曰:“彼为己，以其知得其心，以其心得其常心。物何为最之哉?”

仲尼曰:“人莫鉴于流水而鉴于止水。唯止能止众止。受命于地，唯松柏独也正，在冬夏青青;受命于天，唯尧、舜独也正，在万物之首。幸能正生，以正众生。夫保始之徵，不惧之实，勇士一人，雄入于九军。将求名而能自要者而犹若是，而况官天地、府万物、直寓六骸、象耳目、一知之所知而心未尝死者乎!彼且择日而登假，人则从是也。彼且何肯以物为事乎!”

申徒嘉，兀者也，而与郑子产同师于伯昏无人。子产谓申徒嘉曰:“我先出则子止，子先出则我止。”其明日，又与合堂同席而坐。子产谓申徒嘉曰:“我先出则子止，子先出则我止。今我将出，子可以止乎?其未邪?且子见执政而不违，子齐执政乎?”

申徒嘉曰:“先生之门，固有执政焉如此哉?子而说子之执政而后人者也。闻之曰：‘鉴明则尘垢不止，止则不明也。久与贤人处则无过。’今子之所取大者，先生也，而犹出言若是，不亦过乎！”

子产曰：“子既若是矣，犹与尧争善。计子之德，不足以自反邪？”

申徒嘉曰：“自状其过以不当亡者众；不状其过以不当存者寡。知不可奈何而安之若命，唯有德者能之。游于羿之彀（gòu）中。中央者，中地也；然而不中者，命也。人以其全足笑吾不全足者众矣，我怫（fú）然而怒，而适先生之所，则废然而反。不知先生之洗我以善邪？吾之自寐邪？吾与夫子游十九年，而未尝知吾兀者也。今子与我游于形骸之内，而子索我于形骸之外，不亦过乎！”

子产蹴（cù）然改容更貌曰：“子无乃称！”

鲁有兀者叔山无趾，踵（zhǒng）见仲尼。仲尼曰：“子不谨，前既犯患若是矣。虽今来，何及矣！”

无趾曰：“吾唯不知务而轻用吾身，吾是以亡足。今吾来也，犹有尊足者存，吾是以务全之也。夫天无不覆，地无不载，吾以夫子为天地，安知夫子之犹若是也！”

孔子曰：“丘则陋矣！夫子胡不入乎？请讲以所闻。”

无趾出。孔子曰：“弟子勉之！夫无趾，兀者也，犹务学以复补前行之恶，而况全德之人乎！”

无趾语老聃曰："孔丘之于至人，其未邪？彼何宾宾以学子为？彼且蕲（qí）以諔（chù）诡幻怪之名闻，不知至人之以是为己桎（zhì）梏（gù）邪？"

老聃曰："胡不直使彼以死生为一条，以可不可为一贯者，解其桎梏，其可乎？"

无趾曰："天刑之，安可解！"

鲁哀公问于仲尼曰："卫有恶人焉，曰哀骀（tái）它。丈夫与之处者，思而不能去也；妇人见之，请于父母曰：'与为人妻，宁为夫子妾'者，数十而未止也。未尝有闻其唱者也，常和人而已矣。无君人之位以济乎人之死，无聚禄以望人之腹，又以恶骇天下，和而不唱，知不出乎四域，且而雌雄合乎前，是必有异乎人者也。寡人召而观之，果以恶骇天下。与寡人处，不至以月数，而寡人有意乎其为人也；不至乎期年，而寡人信之。国无宰，而寡人传国焉。闷然而后应，氾而若辞。寡人丑乎，卒授之国。无几何也，去寡人而行。寡人恤（xù）焉若有亡也，若无与乐是国也。是何人者也！"

仲尼曰："丘也尝使于楚矣，适见㹠（tún）子食于其死母者。少焉眴若，皆弃之而走。不见己焉尔，不得其类焉尔。所爱其母者，非爱其形也，爱使其形者也。战而死者，其人之葬也不以翣（shà）资；刖（yuè）者之屦

（jǔ），无为爱之。皆无其本矣。为天子之诸御：不爪翦，不穿耳；取妻者止于外，不得复使。形全犹足以为尔，而况全德之人乎！今哀骀它未言而信，无功而亲，使人授己国，唯恐其不受也，是必才全而德不形者也。”

哀公曰：“何谓才全？”

仲尼曰：“死生、存亡、穷达、贫富、贤与不肖、毁誉、饥渴、寒暑，是事之变、命之行也。日夜相代乎前，而知不能规乎其始者也。故不足以滑和，不可入于灵府。使之和豫通而不失于兑，使日夜无隙而与物为春，是接而生时于心者也。是之谓才全。”

“何谓德不形？”

曰：“平者，水停之盛也。其可以为法也，内保之而外不荡也。德者，成和之修也。德不形者，物不能离也。”

哀公异日以告闵子曰：“始也吾以南面而君天下，执民之纪而忧其死，吾自以为至通矣。今吾闻至人之言，恐吾无其实，轻用吾身而亡吾国。吾与孔丘非君臣也，德友而已矣！”

闉（yīn）跂（qí）支离无脤（chún）说（shuì）卫灵公，灵公说之，而视全人，脰（dòu）其肩肩。瓮㼜大瘿说齐桓公，桓公说之，而视全人，其脰肩肩。故德有所长而形有所忘。人不忘其所忘而忘其所不忘，此谓诚忘。

故圣人有所游，而知为孽，约为胶，德为接，工为商。圣人不谋，恶用知？不斫，恶用胶？无丧，恶用德？不货，恶用商？四者，天鬻（yù）也。天鬻者，天食也。既受食于天，又恶用人！

有人之形，无人之情。有人之形，故群于人；无人之情，故是非不得于身。眇乎小哉，所以属于人也；謷（áo）乎大哉，独成其天。

惠子谓庄子曰："人故无情乎？"

庄子曰："然。"

惠子曰："人而无情，何以谓之人？"

庄子曰："道与之貌，天与之形，恶得不谓之人？"

惠子曰："既谓之人，恶得无情？"

庄子曰："是非，吾所谓情也。吾所谓无情者，言人之不以好恶内伤其身，常因自然而不益生也。"

惠子曰："不益生，何以有其身？"

庄子曰："道与之貌，天与之形，无以好恶内伤其身。今子外乎子之神，劳乎子之精，倚树而吟，据槁梧而瞑。天选子之形，子以坚白鸣。"

梁冬

正安康健创始人、正安自在睡觉创始人、冬吴文化创始人。

师承国医大师邓铁涛先生、中医大家李可先生，同时也是中医大师郭生白先生的入室弟子。

《生命·觉者》系列纪录片出品人及访谈人。电台节目《冬吴相对论》、《梁注庄子》、《睡睡平安》，电视节目《国学堂》出品人及主讲人。

出版图书《梁冬说庄子》系列、《处处见生机》、《唐太宗的枕边书——梁言群书治要》、《欢喜》、《无畏》、《黄帝内经》系列、《相信中国》等。

感谢喜马拉雅建军、小雨、兴仁团队对本书的大力支持

感谢夏、志、思同学对本书的倾情付出

图书在版编目（CIP）数据

梁冬说庄子·德充符 / 梁冬著. -- 广州 : 广东人民出版社, 2018.8（2022.7重印）

ISBN 978-7-218-13038-5

Ⅰ.①梁… Ⅱ.①梁… Ⅲ.①道家②《庄子》－研究 Ⅳ.①B223.55

中国版本图书馆CIP数据核字(2018)第144804号

LIANG DONG SHUO ZHUANG ZI DE CHONG FU

梁 冬 说 庄 子 · 德 充 符

梁冬 著

出 版 人：肖风华

责任编辑：严耀峰 李辉华
监 制：黄 利 万 夏
特约编辑：马 松 谭希彤
营销支持：曹莉丽
装帧设计：紫图装帧
责任技编：周 杰 易志华

出版发行：广东人民出版社
地 址：广东省广州市海珠区新港西路204号2号楼
（邮政编码：510300）
电 话：(020)85716809(总编室)
传 真：(020)85716872
网 址：http: //www.gdpph.com
印 刷：北京中科印刷有限公司
开 本：880mm × 1230mm 1/32
印 张：6 字 数：100千
版 次：2018年8月第1版
印 次：2022年7月第3次印刷
定 价：49.90元

如发现印装质量问题，影响阅读，请与出版社(020-85716849)联系调换。